EXCELLENT LEADERS NEVER
LOSE SIGHT OF ACHIEVING GOALS

目標達成するリーダーが
絶対やらない
チームの動かし方

伊庭正康
MASAYASU IBA

日本実業出版社

はじめに

――どんな環境においても、部下を「ワクワク」させながら目標を達成させてこそ、一流のマネジメント

■部下に期待しすぎてはいけない

この本は、リーダーとしてチームを率いる立場にいる人が、どのようにして部下やチーム全体の目標を達成させていけばいいのかについて解説したものです。

「目標達成に向けてチーム一丸となる」とはよく言われますが、これはリーダーであるあなたにとって、どんな状態のことでしょうか。

ひたすらメンバーに対して、「あと、いくらできる?」「なぜ、できなかったのか?」「あの人に負けるな!」と数字（結果）を求め続けさせる状態でしょうか?

もし、あなたがそう思うなら、それはリーダーの考え方として、あまりに危険です。

なぜなら、今の時代、**すべての社員がアスリートのように「目標達成のために必死になっている」わけではない**からです。そんな人はおおむね、成績によって賃金が大幅に変わる「超」成果主義の職種を経験した人や、学生時代に部活などで目標に向かって本気で打ち込んできた人くらいでしょう。

職場には、家計を支えるために、条件面だけで今の仕事を選んだ主婦もいるでしょうし、就職後に、たまたまあなたの職場に配属されただけ、という新人もいるはずです。また、ジョブローテーションの一環としてやってきた中堅・ベテラン社員も、部下としているかもしれません。

ましてや先行が不安定で、今までとは違う働き方が求められる時代です。このような多様な背景を持つメンバーからなるチーム全体の本気度は、「最初から」ではなく「やっているうち」に上げていくのがセオリーだと考えてください。

あたかもゲームのごとく、**やっているうちに、気がついたら「ハマっている」――そんな世界をつくるのが、多様な価値観、バックボーンを持つ部下に対する、目標達成のマネジメントの勘所なのです。**

直接もしくはオンラインのミーティングで状況を共有し、助け合いながら、また称え合いながら、目標を追いかける。そんなプロセスを経て、「この仕事、面白い！」「何が何でも、自分の目標を達成したい！」——このような思いの連鎖を起こすのが、目標達成できるチームをつくるポイントなのです。

■部下が、チームの目標に対して「本気」になるとは？

そもそも、部下がどうしたら「本気」になるかという基準が曖昧《あいまい》です。

私は、今でこそ、企業研修の講師として、さまざまな会社でレクチャーをしていますが、その前は、リクルートグループで営業職として10年間、管理職として11年間、いわば「目標を達成する（させる）仕事」をやってきました。

リーダーとしては、チーム全体の目標を常に達成させる、そんな常勝のチームづくりをしてきたという自負があります。

ときには、達成請負人のように、低迷するチームの立て直しの命も受けました。

独立した今も、さまざまなリーディングカンパニーで、営業マネジメントの指導をしています。

手前味噌ですが、その方法は9割の企業からリピート依頼を受けるほどです。

今は、オンラインを活用したマネジメントの手法も研修でレクチャーしていますが、私がやってきた手法は、オフィスワークであっても、リモートワークであっても、**皆をワクワクさせながら、目標達成に本気で取り組むようにする**点は一緒です。

といえば、すごいことのように聞こえますが、そうではありません。私がチームの目標を達成させ続けられたのは、すべて部下のおかげです。

会社員時代の、ある例を紹介しましょう。

不景気の影響で、全社の業績が厳しく、なんとなく各部門、各チームにも「今期は目標達成しなくてもいい」といった空気が蔓延《まんえん》していました。

そんなとき、**部下から、「伊庭さんに『絶対達成するぞ』とおっしゃっていただいたら、私たち、全力で動きますから！」と言われたのです。**

ここまで部下に言われたら、やるしかありません。すぐにチームのメンバーを集めて対策ミーティングを開催し、最後の「追い込み」をかけることにしました。

いや、正しくは「部下に追い込みをしてもらう」ことにしました。

結果的に、なんと私のチームは目標を達成できました。まず一人のメンバーが、1週間で営業担当者20人分の契約を受注するといった離れ業をやったのです。

そして、その動きに触発されたほかのメンバーにも、熱量が伝染するように火がつき、それぞれが限界を超える努力をしてくれた結果でした。

なぜ、人はここまで本気になれるのか？

さて、ここで皆さんに考えていただきたいのは、「なぜメンバーが、ここまで頑張れたのか」ということです。

実は、答えはシンプルです。

「このメンバーとなら、絶対にできる。あきらめたくない」――一人ひとりの部下に、その思いが宿っていた、それだけです。

ウィキペディアと同じ原理です。ウィキペディアは、サイト上で誰もが無料で自由に編集に参加でき、みんなでつくり上げる百科事典です。編集しても報酬は0円です。

つまり、人が動きたくなる動機は「お金」だけではない、ということです。

では、何があればいいのでしょう。そして、上司は何をすればいいのでしょう。

きめ細やかなマネジメント、カリスマのようなリーダーシップだけが正解ではありません。

この本では、**どんなリーダーでもすぐに実践できるように、目標達成をし続けるチームづくりの具体的な方法を紹介します。**

さあ、今度は皆さんの番です。この本のメソッドを使って、部下の力を最大限に引き出し、いつも目標達成できるチームづくりを目指してください。

㈱らしさラボ　代表取締役　研修トレーナー　伊庭正康

目標達成するリーダーが絶対やらないチームの動かし方　もくじ

第1章

メンバー全員が「本気」になる目標設定のコツ

第2章

目標達成の確率を高める「逆算思考」

第3章

チームの各メンバーの目標を必ず達成させるマネジメント

第4章

リーダー自身の個人目標を絶対に達成させる方法

第5章 一人ひとりが主体的になれるチームマネジメント

カバーデザイン　小口翔平+奈良岡菜摘（tobufune）
カバーイラスト　ハマハウス
本文デザイン・DTP　一企画

第1章

メンバー全員が「本気」になる目標設定のコツ

リモートでも、オフィスワークでも、どのように目標を設定すれば部下が本気になってくれるのでしょうか？　リーダーとして心得ておきたいことを紹介しましょう。

1 「目標達成」のことしか言わないリーダーが、組織をダメにする

■目標以前に伝えておくべきこと

当たり前ですが、誰もが「目標達成」のために会社に入ったわけではありません。ましてや、社員全員が「なんとしても成績上位に入りたい」なんてことを考えているはずはありません。

無理をせずに「そこそこの成績」のまま仕事を続けたい、と考える人も少なくないのが現実です。育児などを理由に、仕事をすること自体にためらいのあるメンバーもいることでしょう。だからこそ、リーダーが「目標を達成しよう」と言う前に、メンバーに伝えるべきことがあるのです。

それは、直接でもオンラインでも同じです。**「今、やっている仕事が、世の中のためになっていること」を部下にしっかりと語る**ことです。先行きの見えない今のような世の中こそ、「我々がやらないと、困る人がいる」という観点で話すことは極めて

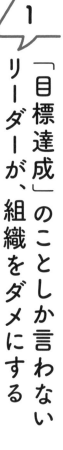

重要なのです。特に若手社員に対しては、そのことを意識する必要があります。

会社のビジョンと自身の目標をつなげる

一般社団法人日本能率協会の「入社半年・2年目 若手社員意識調査（2019年度）」では、「会社のビジョン・戦略と自分の仕事のつながり」を感じている社員の約8割が、会社組織への満足度が高いと回答している一方で、そのつながりを感じていない人の約7割は、会社への満足度が低いことが明確になっています。

「今、やっていることの意義」を語らずして、目標のことばかりを言うと、間違いなく組織への満足度は下がる、ということなのです。

ある人材派遣の会社の若手の女性リーダーは、朝礼で次のように語りました。

「今期の目標を絶対に達成させましょう。

私は、この人材派遣という事業をもっと広めねばならないと思っています。一人でも多くの人が、希望の仕事に就けるチャンスを広げるためです。

転職する際、年齢や学歴で断られるケースが後を絶ちません。でも、派遣だと、希望の仕事に就けるチャンスが増えます。まずは派遣社員でスタートすれば、正社員になる道も開けます。希望の職種に就けるチャンスが生まれるのです。

でも、まずは収益を出さないと、せっかくの派遣事業は継続できなくなり、そのような人たちの夢がかないません。だからこそ、まずは私たち自身の目標を達成しましょう」


一方で、別の会社の新人研修のグループワークでの会話は次のようなものでした。

「社長が入社説明会で言っていた『地域のために頑張る』なんてことを本当に思っている人は、現場にはいない」

「ウチの職場ではノルマの話しか飛び交っていない」


このような職場では、新入社員は幻滅し、やる気を失ってしまいます。多くの新入社員は何らかの夢を持って入社してくるので、そのギャップに敏感であることは間違いないのですが、いきなり理想ではなくノルマの話ばかりされたくないものです。

「なぜ、ここまでして頑張る必要があるのか」を、不安の大きい今だからこそ、しっかりと伝えておきましょう。オンラインでもリアルでもＯＫです。

目標を達成しなければならない理由を語っているか？

NG

「どうやって」達成するかしか語っていない

リーダーがひたすら数字やノルマの話ばかりをしては、メンバーは幻滅し、やる気を失ってしまいます。

OK

「なぜ」を語ってメンバーの納得を得る

理念や夢をきちんとメンバーに語りかけることで、メンバーの目標達成に対する意欲を引き出すことができます。

2 「達成したら給与が増える」ではやる気は出ない

■若手社員の「3割」が副業・兼業をしている現実

目標を決める際に大事なことは「給与が上がるから頑張ろう」とは言わないことです。いくら報奨金（インセンティブ）や歩合給があったとしても、です。

一つ質問をさせてください。

もしあなたが今以上に収入を増やすとしたら、どうやって増やしますか？

このとき、残業やインセンティブで増やす方法しか出てこないなら要注意です。

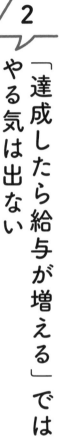

時代は大きく変わりました。

さきほど紹介した「入社半年・2年目 若手社員意識調査（2019年度）」では、若手社員の約3割はすでに副業・兼業をしており、その理由の6割が収入アップのためと答えています。もう「目標を達成したらインセンティブが入るぞ」といったマネジメントが通用しにくくなっているのも頷けます。

例えば、ユーチューブへの動画投稿。一体、いくらくらい稼げると思いますか？　チャンネルの特性にもよりますが、チャンネル登録者数が2万人いれば、月に20万円以上は十分に獲得できます。しかも、雪だるま式に登録者は増えますので、気がつけば、月に50万円の副収入が入ることも珍しくはなくなっているのです。

もはや、会社の仕事で目標を無理して達成せずとも、収入を増やすことが可能なのです。そうなると、「**収入アップのために目標達成しよう**」**は、間違いではないのですが、今の社員にはあなたが思っているほどの効果はない**、ということなのです。

会社員であるメリットとは？

先日、私が登壇した社員研修で、ある若手営業マンから休憩中に質問を受けたのですが、その内容に驚きました。

「私が経営する会社にも研修に来てもらうことは可能でしょうか？」と言うのです。聞くと、その社員は別に自分の会社を持っており、本社はシンガポール。さまざまなベンチャー企業に投資をしているといいます。

人事もそのことを把握しており、「おそらく、10億円以上の年商はある」とのこと。

でも、なぜその彼が、年収が数百万円の会社で働いているのでしょうか。

ここを理解しておくと、これからのマネジメント力を上げるヒントになるでしょう。

彼は会社員として働くことによって**「お金には変えられない勉強」**をさせてもらっているといいます。独立をするとわかるのですが、起業すると思った以上に仕事のノウハウは身につかないものです。特に20代で起業をするとなおさらです。目標管理、商談の仕方、すべてが試行錯誤になるわけです。まさに、会社員という立場だからこそ、さまざまなノウハウを学べるのです。

話を戻しましょう。そこまで稼いでいないとしても、彼に限らず副業が身近になっている今、「お金のために頑張れ！」とだけ言っても響かない人が増えているのです。むしろ、**目標達成を目指す過程で、その社員にとって「どんなスキル、ノウハウが身につくのか」を語るようにしてみてください。**事業環境が激変する今だからこそ、彼らは多くのことを学べることを「ベネフィット」と感じるはずです。そのスキルが身につくような支援をしてあげてください。

目標管理、ＰＤＣＡの回し方、リスクマネジメント、商談管理等、本気でやれば会社で学べることはたくさんあります。目標達成を目指すことは、あくまで通過点にすぎません。その先を語れるようにしておきましょう。

メンバーが目標達成をして得られるものは？

OK

達成の報酬は「スキルアップ」と答える

ビジネススキルには、独学で身につけることが難しいものも多く、会社がそれを提供することで社員のやる気を高めることができます。

NG

達成の報酬は「給与アップ」と答える

副業が当たり前になっている時代に、給与アップだけでは社員のモチベーションは上がりません。

3 目標を「伝える」だけでは部下は本気になれない

■未達成になったときに、悔し涙を流す人はいるか？

あなたの職場には、目標が未達成になったとき、悔し涙を流す人はいるでしょうか。涙は流さないまでも、目標が未達成のときに、サラリとしているようでは、その社員は「本気」とはいえません。

目標を自分自身で決めるプロセスがないと、そうなります。

目標に対して部下が本気で取り組むようにするために、ぜひ部下自身が「自己申告」で目標を決める方法を取り入れてみてください。

もし、目標が上司から部下に一方的に伝えられるものであったり、エクセルによる計算で自動的に分配されるだけのものである場合には、部下は到底本気になれるはずがない、と考えてください。

このことは、心理学の「**自己決定理論**」で実証されています。

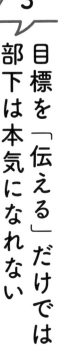

「自己決定理論」とは、ロチェスター大学の、エドワード・デシ教授とリチャード・ライアン教授によって提唱され、自分が決めたことだと、より成功（達成）への努力をするという理論です。「やらされる目標」ではなく、「自分が決めた目標」だと、達成への執念が生まれるというわけです。

私も「自己決定」の効果を経験しています。私が勤めていた会社（リクルートグループ）も、個人の目標を自己申告で決めていました。

やはり、自己決定の効果は抜群で、自然と誰もが目標に真剣に向きあっていました。私自身も、上司から「もっと、頑張れ」なんてことを言われた記憶はありません。目標を達成したときは、あたかも試合に勝ったように心から喜び、未達成だと「今度こそ！」と誓う。未達成だったことを上司が咎めることはなく、「今度は、大丈夫だ！」と慰める。そんなマネジメントでした。自分が決めた目標だからこそ、本気になれるわけです。

部下を信頼して目標を決めてもらう

でも、自分で目標を決めるとなると、うちの部下は「低めの目標」を言うに違いない――そう思われたなら、あなたは部下への信頼が足りないのかもしれません。私の経験では、低めの目標を立てる部下の割合は半分です。ほかの人は妥当値を言います。あとは、みんなで調整すれば問題ありません。

最後は、不公平にならないように、またチームの目標を確実に達成させるという観点から、リーダーが、「○○さんには、このくらいはやってほしい」「確実に達成できるかどうかの観点で話し合ってほしい」などと皆に意見をします。

個人目標を決める具体的な手順は次のようなものです。

① メンバーに「組織目標（計画）」を先に伝えておく。
② そのうえで、メンバーに「自分はどのくらいの数字を担うべきか」を考えさせる。
③ オンラインでもリアルでもよいので、目標設定の会議を開き、全員の前で、各々が目標を申告する。
④ 全員で調整する。

一見すると無駄にみえるかもしれませんが、個人目標の決め方に手を抜かないことが、強い組織にする絶対の条件です。

個人目標を決める際、何にこだわる？

NG

部下本人が「受け入れる」かどうかを心配する

上から目標を一方的に示すだけでは、部下はその目標に対して本気にはなりません。

OK

部下本人の「自分で決めた」という感覚を大事にする

自分で決めた目標だからこそ、部下は自主的にその目標を達成しようとします。

4 「勝てる」勝負しかしない

■「目標は高いほうがいい」の間違い

目標を決める際に大事なことは、現状に対して高すぎる目標は掲げるのは、絶対にいけないということです。いくら不景気の逆風が吹こうとも、**7割のメンバーは達成できる、そんな目標でないと組織は疲弊します。**

私が社会人になったとき、上司から「人の上に立ちたいなら、この本を読みなさい」と言われたのが、『失敗の本質』（中公文庫）でした。

太平洋戦争の、上官の判断ミスが招いた悲劇が描かれた組織論の本です。

その中に描かれたインパール作戦の失敗は衝撃でした。

この作戦は、兵站《へいたん》（食料等の補給ルート）の準備も不十分なままに、「勢いをつけるため」と、精神論だけで決行した無謀な作戦でした。結果として、食料は不足し、餓死者、病死者が続出……。亡くなった兵隊の方々の白骨で道が埋まったことから、「白骨街道」と言われ、**無謀な精神論が招いた悲劇**として今も語り継がれています。

引くに引けない目標を立てていないか？

さて、あなたの職場も、ひょっとしてインパール作戦化していないでしょうか？

事業が逆風だからといって、部下やあなた自身が「ちょっと無理かも……」と思う目標が掲げられていないでしょうか？　というのも、私にも似た経験があるからです。

責任者として、小さな組織を引き継いだときのことです。

「ウォーターフォール図」で説明する

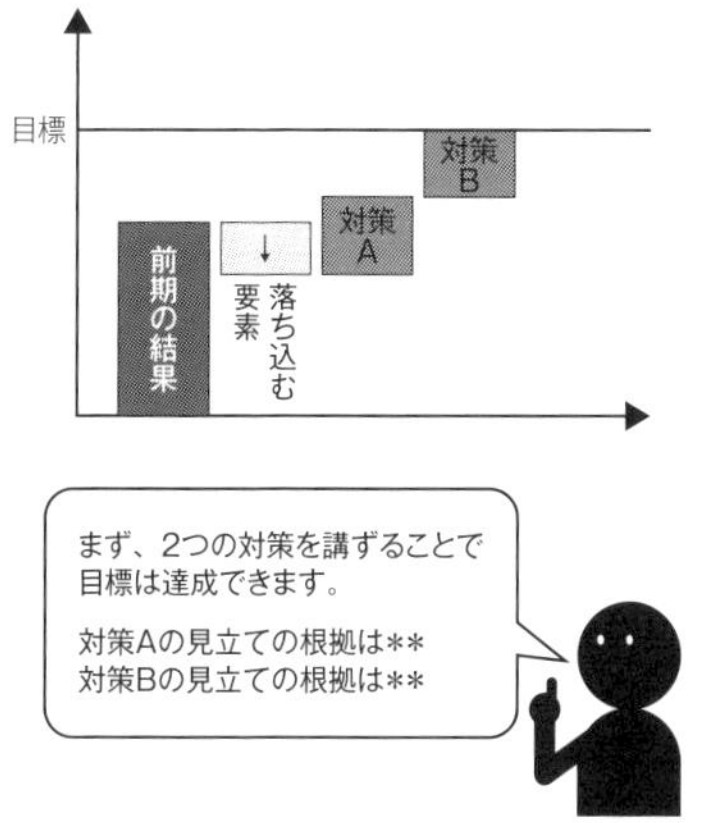

着任した時点で、すでにそのチームの目標は決められていました。着任してすぐに「どう計算してみても、達成できない」ことに気づきました。

前任者に確認すると、「経営陣からのプレッシャーがあった中で、やむを得ず決めた目標だった」というのです。まさに、精神論による目標でした。

そんなこともあり、何をやっても、毎月

の月間達成率が30％程度と、散々な状況。メンバーの士気は下がり、あきらめ感が漂う放置できない状況になっていました。危機感を持った私が本部に掛け合い、状況を説明したところ、「すぐに修正しよう」と、目標を下方修正することになりました。

それまでは、本部からは業績の悪い事業と見られていたのですが、**この調整によって、一夜にして好調な事業として扱われるようになった**のです。

目標達成への筋道が説明できるように！

このような経験を経たからこそ、**目標は「達成の道筋が見える」ものであることが絶対の条件であることを実感しています。**

例えば、前ページに掲載したウォーターフォール図のように、何をすれば達成できるか、その具体策も含め、説明ができなければ、蛮勇でしかないと考えてください。

ウォーターフォール図とは、数字の増減を滝（ウォーターフォール）のようにビジュアルで理解しやすくグラフ化したものです。目標をウォーターフォール図で表すと、落ち込む要素に対してどのような対策を打てばいいのかが、はっきりと理解できるようになります。達成できる目標でなければ意味がないのです。

最初から「勝てる」勝負をしているだろうか？

NG

根拠なく「高い目標」を掲げる

高すぎるだけで根拠のない目標は、部下をただ疲弊させてしまうだけです。

OK

背伸びすれば「達成できる目標」にする

高い目標を掲げるのであれば、どうすればそれを達成できるのか、きちんと根拠を説明できるようにしておきましょう。

5 7割の人が達成できるくらいの目標設定を

■「みんなで未達成」なら、怖くない？

前の節では「目標は高すぎると形骸化する」と述べました。この話には続きがあります。**リーダーは、「目標の適切な難易度」を知っておく必要がある**ということです。

目標設定の難易度は、次の2つの観点で調整することが大切です。

・達成者比率……達成者7割、未達成者3割くらいの難易度
・本人の感覚……本人が達成できるかどうか「半々だ」と思える難易度

まず「達成者7割」とは、未達成者を「少数派」にするということです。

ある職場の失敗例を紹介しましょう。その職場での達成者比率は1割。つまり、なんと9割が未達成者でした。

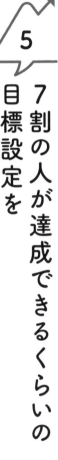

「みんなで未達成なら怖くない」というような状態で、口では「申し訳ない」と皆が言うものの、実際には、耐え忍ぶ「演技力」と「我慢強さ」を鍛えているような状況だったのです。

このような、他者の行動に同調する心理状態を「**同調バイアス**」といいます。目標未達の職場は、この同調バイアスが蔓延している状態。気をつけたいところです。

アメリカの心理学者エドウィン・ロックが提唱した「**目標設定理論**」では、**もっとも「やる気」を引き出すのは、「達成できるかどうか、半々」と思える難易度**だとさ

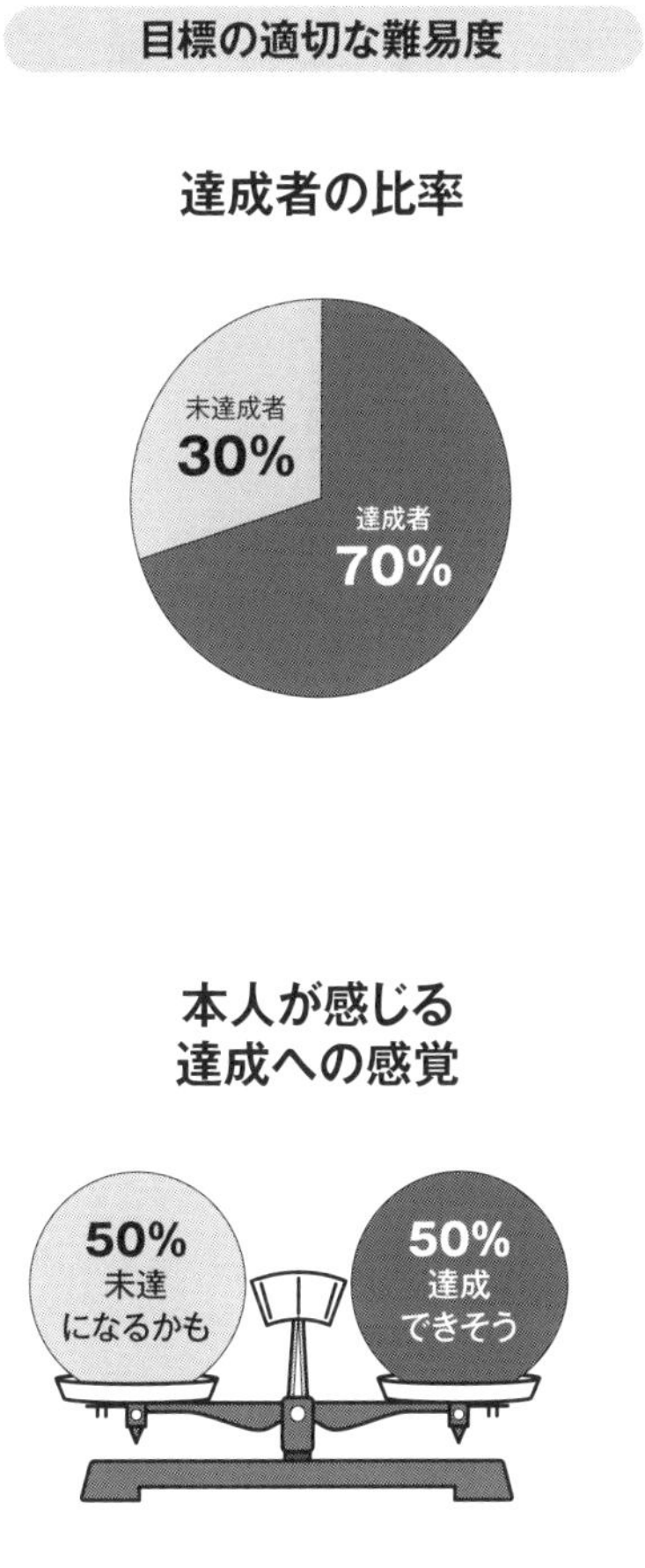

れています。まずは、そのようなレベルの目標を設定してみてください。

工夫が生まれることで、組織は強くなる

ここで、大事なことがあります。

本人が、「とても達成できない」と思ったとしても、いたずらに目標を下げてはいけません。

まず、やるべきは、目標を下げることではなく、「やること」を変えることです。

例えば、コロナ禍で対面営業ができなくなったことをチャンスと考え、すぐにオンラインに切り替えられた結果、なんと「商談数」「紹介数」が約2倍になったというケースもあります。なので、簡単に目標を下げるのではなく、先に「やること」を変えてみましょう。

加えて、例えば営業職であれば、雑務を軽減すべく、バックヤードの人材を補強したり、無駄な会議を廃止し、さらに朝礼も廃止したりすると、商談数はさらに増えるでしょう。

目標をすぐに下げてはいけません。「やることの見直し」を先にやるのが、リーダーの役割です。

「適切な難易度」の目標を設定しているか？

OK

「達成者の比率が7割」になる難易度を狙う

メンバーが目標達成は難しいと感じても、戦略・戦術を変えることで、達成できるレベルの目標が望ましいです。

NG

「全員が達成できる目標」を設定する

誰でも達成できるレベルの目標なら、メンバーはそれに甘んじてしまうため、成長につながらなくなります。

6 曖昧な目標は部下を不幸にする

ベテランの「塩漬け現象」はこうして起こる

何かにチャレンジをしているわけではなく、成長もせず、給料だけは高止まり……。職場に、こんなベテラン社員はいないでしょうか？

私はこのことを、ベテランの「塩漬け現象」と呼んでいます。

特に、事業環境の変化が激しい今のような時代は、要注意。目標が曖昧になってしまいやすく、その結果、社員の塩漬け現象が加速してしまうからです。

なぜ、そうなるのかは、「プラトー現象」で説明ができます。**プラトー現象とは、あるタイミングで、高原（プラトー）にとどまるように成長が止まってしまうことをいいます。**さまざまな壁を乗り越えて、人は次のステージに向けて成長していくのですが、塩漬けになっている人は、同じステージのまま年齢を重ねてしまっているのです。

でも、これは本人の問題ではありません。会社からその社員への要望、つまり、「目標が曖昧になっている」ことこそが問題なのです。

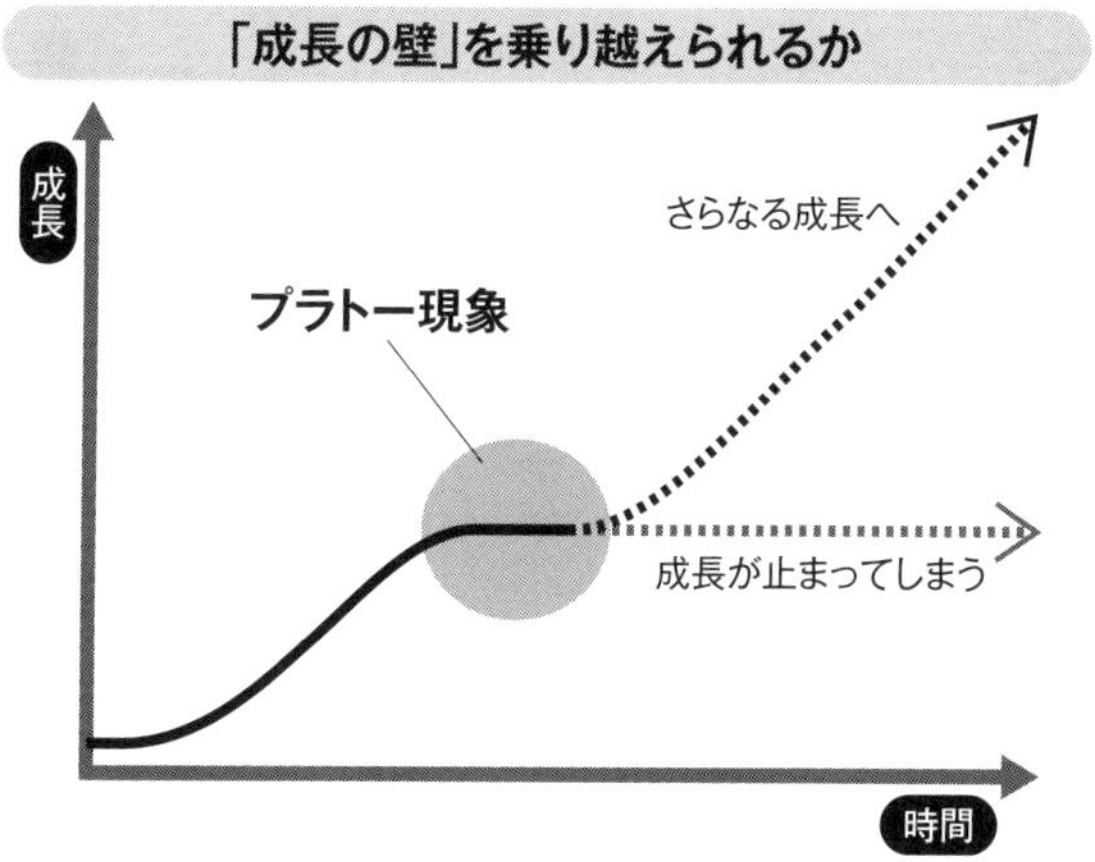

目標（基準）が曖昧だと、普通に仕事を続けているだけでずっと評価されることとなり、結果として、本人の成長はピタリと止まってしまうのです。

だからこそ、**営業部門など具体的な目標が立てやすい部門はもちろん、間接部門など数値目標がない環境ではことさら、注意が必要なのです。**

そんな居心地の良い環境が、結果的にプラトー現象をつくってしまい、部下を塩漬けにしてしまうのです。

目標は必ず数値化できる

そのため、数値目標の設定が難しい間接部門こそ、「達成率で測定できる目標」にすることがとても重要なのです。数値化しにくい職種もありますが、次の切り口を使えば、必ず数値化はできます。

① **「到達度」で数値化**（売上、利益、不良率、残業削減時間など）
② **「進捗度」で数値化**（プロジェクトの進捗、長期的に行う取り組みなど）

まずは、①の到達度で数値化する方法を考えてみましょう。
例えば残業削減の取り組み等については、次のような観点で数値化をします。

【現状】現状の社員の平均残業時間は月間30時間
【目標】月間10時間に減らすことを設定（つまり20時間の削減）
【結果の測定】次ページの図のように測定
▼月間10時間にすれば、達成率１００％（20時間の削減）

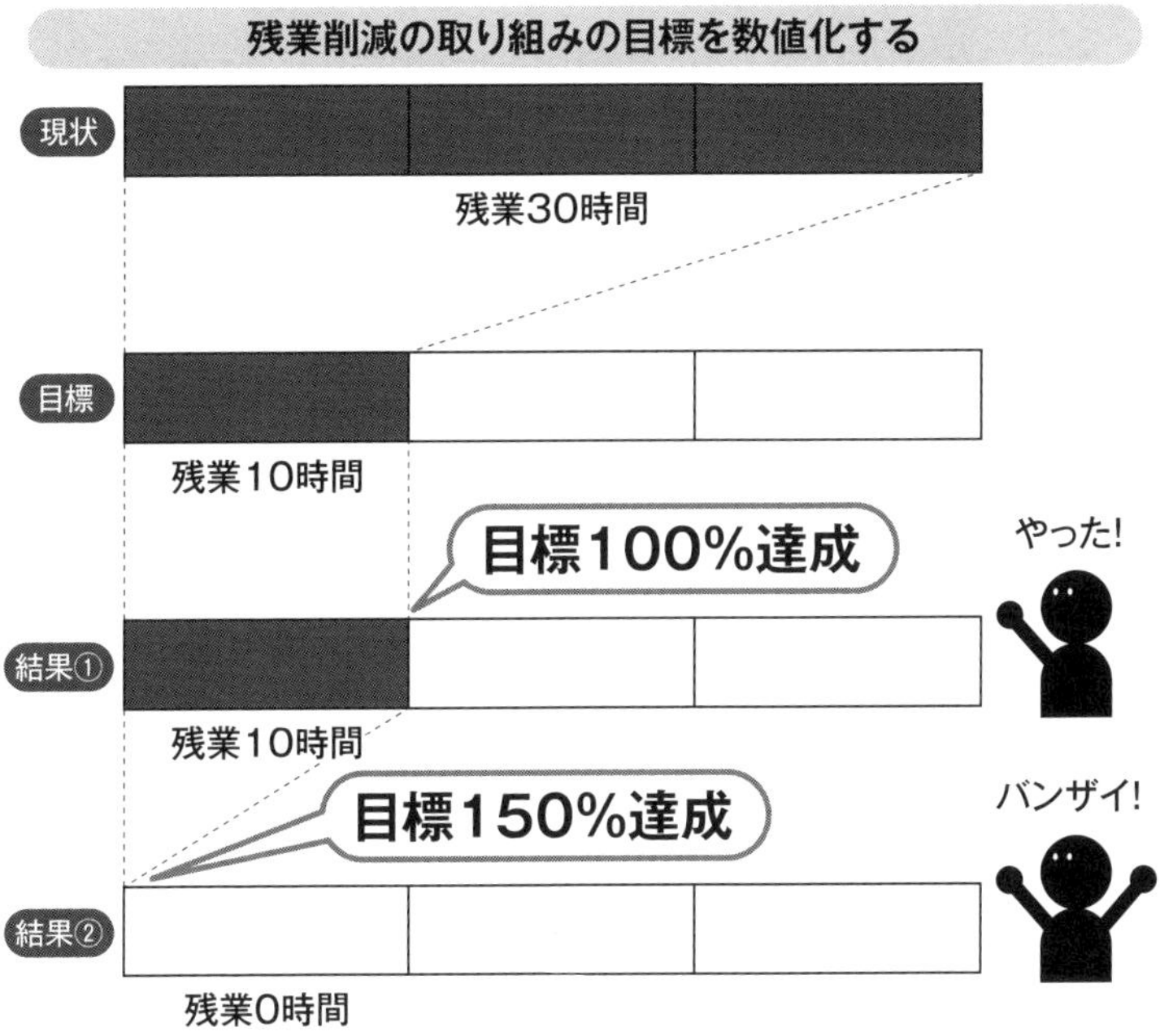

▼月間０時間まで減らせば、達成率１５０％（30時間の削減）

また、②の進捗率で数値化する方法は、①の到達度で測定しにくいときのオプションです。プロジェクトのタスクを付与するときなどが代表的な例でしょう。

例えば、タスクのステップを５つに分けて、次のような観点で評価をします。

【目標】 ３カ月で、ステップ４まで進捗させる

【結果の測定】

▼ステップ４まで進めたら、達成率１００％（４／４）

▼ステップ５まで進めたら、達成率１２０％（５／４）

このように、数値化すれば、人はなんとか達成したいと思うものです。

もし、当初の目標を越えた成果が得られた場合には、その分、きちんと評価するようにします。

そうすることで、おのずと、今まで以上の工夫を自分からするようになるのです。

どんな職種に対しても、明確な目標を付与しているか？

NG

「目標を数値化できない仕事もある」と思い込んでいる

目標を曖昧にしたまま仕事を続けさせていると、そのうち本人の成長が止まってしまいます。

OK

事務職であっても「測定できる目標」を付与する

どんな職種でも数値化した目標を示すことによって、本人のさらなる成長につなげることができます。

7 月間目標しかない組織は人が「マシン」になる

「ラットレース」のような日常

目標を設定する場合は、月間目標だけでは危険です。さまざまな期間の目標を設定しましょう。**月間目標だけだと、人は考えなくなる**からです。

毎月毎月、目標に追われるような生活は、まるで、滑車の中をクルクルと走るネズミのようなもの——もし、あなたがこうした生活を経験したことがあるなら、そう思ったことはないでしょうか。この原因は、「振り返り」が不十分な点にあります。とりわけ、1カ月単位の目標しか追いかけていない職場に起こりがちな現象です。

目標と結果についての「検証」ができないままに次の目標を追いかけるサイクルだと、目標を「達成したか」「達成できなかったか」の基準でしか考えられなくなるので、ただ走り続けるだけになってしまうのです。

白状しますと、私も入社してから2年間くらいはそんな感じで、その月の目標を達成できても、「次はどうしよう」と、常に焦りでいっぱいでした。

でも、私はラッキーでした。当時の支社長から、自分が短いスパンでしか考えていなかったことを指摘してもらえたからです。

ある日、支社長との雑談で「常に焦りを感じている」と打ち明けところ、「別に、全勝しなくても、2勝1敗くらいで構わない。自分自身で検証をしながら、パフォーマンスを良くすることが大事だ」との答えが返ってきたのです。

月々の目標の達成こそがすべてだと思い込んでいた私にすれば、目から鱗でした。

考えてみると、たしかにそうです。**どんな優良企業でも、またどんな優秀なスポーツ選手でも「敗戦」することはありますし、むしろ長いスパンでみてみると、「敗戦」をきっかけに飛躍しているケースが多いことに気づかされます。**

なぜ、敗戦後に飛躍するかというと、敗因を分析し、次への対策をしっかりとやっているからにほかなりません。

つまり、**目標を追いかけるには、検証・対策のプロセスが不可欠**であることがわかります。やったことの結果、うまくいった要因、うまくいかなかった要因を自分なりに把握して、検証をする。そして、対策を講ずるのです。

目標の期間を使い分ける

まず、半年、3カ月、1カ月、1週間、1日の目標を使い分けてみてください。それぞれの目標には、次のような役割があります。

▼半年、3カ月の目標……検証をして、さらなる飛躍を狙う効果
▼1カ月の目標…………半年、3カ月の目標達成の確率を高める効果
▼1週間、1日の目標……「今」やるべきことに集中する効果

もし、ラットレースのような、クルクルまわるネズミのような状況だとしたら、やるべきことは「半年、3カ月」の目標を設定してみることです。特に**リモートワークの環境において、検証せずにやる続けることは、孤独の中で、マシンのように同じことを繰り返すだけになってしまいます**。これは避けたいところです。

月間の目標が未達成だとしても、3カ月で帳尻を合わせるくらいの発想がないと、検証はできません。「検証」や「次への対策」をしっかりと行うほうが、断然仕事は面白くなりますし、あらゆる環境で結果を出せるスキルが養われます。

目先の目標ばかりを追いかけていないか？

NG

「月間目標の達成」ばかりを気にする

月間目標ばかりに気を取られてしまうと、短いスパンでしか仕事を考えなくなります。

OK

「複数の目標」を組み合わせてマネジメントをする

さまざまなスパンの目標を組み合わせることで、あらゆる環境で結果を出すスキルが養われます。

8 「目標」という言い方をあえてしない

■「名称」はメッセージである

目標に込めた思いを伝える方法の一つして、**「目標」という呼び方をあえてせず、別の言葉で表現できない、工夫を凝らしてみる**ことがあります。

絶対にそうしなければならないというものではありませんが、やってみるとリーダーが大事にしたい価値観、目標を追いかけることへの思いを、メンバーにうまく伝えることができます。

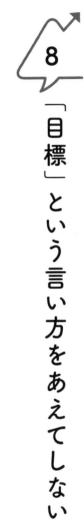

目標を意味する言葉は、会社によって呼び方が異なっていることはよくあります。「ノルマ」と呼ぶこともあれば、「アスピレーション」と呼ぶ会社もあります。ノルマだと、やらねばならない「義務」ですし、アスピレーションだと自分たちがなし遂げたいと思う「熱望」という意味になります。

私が新人のとき、リクルートグループでは営業目標を「経営目標」と呼んでいました。こうすれば、全員が経営者のつもりで考えることができるというわけです。

もちろん、言葉を変えたからといって、「よし、経営者のつもりになった！」とは、全員が思うわけではありません。ただ私は、「会社としてのメッセージはそうなのだ」と理解することはできました。

もちろん、オフィシャルの表記は、「月間目標」などといった名称でいいのですが、あなたが部下に目標の進捗を確認する際などには、少し「言い方」を変えてみることも効果的かもしれません。

言葉をエネルギーに変える

もし、この考えに共感してもらえるのであれば、**例えば、部下と話すときは、「目標」を「挑戦」と呼んでみてはいかがでしょうか。**

「では、今月の挑戦への状況を確認しておこう。達成率は現在……」と語るイメージです。

とはいえ、さすがに、毎度、言い換える必要はありません。「来月の挑戦は大丈夫？」では、何の会話かわからなくなってしまいます。適宜、語る際に言い方を変えてみるだけでOKです。

でも、なぜ、そこまでするのか。**一つひとつの言葉には、エネルギーがある**からです。例えばディズニーランドは、そこで働く人たちのことを「キャスト」と呼びます。働く人自身がディズニーランドでの配役となって、世界観を魅せる役割を持たせているからです。

一方でＵＳＪは、「クルー」と呼びます。映画の世界観をつくり出す「クルー」のように働いてほしいという意味を持たせているのです。まさに、その自覚を持った人たちばかりです。

リーダーは、言葉の一つひとつの意味を的確にとらえ、自分の言葉で伝えることも、重要な役割なのです。

それは、「目標」とて同じ。少なくとも、ノルマという表現ではやる気が起こらないでしょう。あなたなりの目標に代わる言葉を考えてみることをおすすめします。

ネーミングが持つ意味合いを大切にする

OK

ネーミングを「メッセージ」として使い分ける

場面によってあえて目標の言い方を変えてみることで、部下のやる気をさらに引き出すことができます。

NG

ネーミングの使い分けに無頓着

「ノルマ」など、与えられたネーミングをそのまま使うのは、ときとして部下のやる気を削ぐことになります。

9 不公平感のない目標を設定するには

■一部のメンバーを「ハードモード」にしていないか？

「目標を達成すればするだけ、目標がさらに上がり続ける。しんどいな……」

私が講師を務める研修先でも、そう思っている人は少なくないようです。

達成すればするだけ、その社員の目標の難易度が上がる。**ゲームで例えると、意図せずにその社員だけが「ハードモード」で戦わされているような状態になっている**というわけです。

私にも経験があります。他の人の5倍程度の大きな営業目標を与えられていたことがありました。「目標は5倍違うのに、給与はそんなに変わらない。やっていられないよ……」、と、普通の人なら思うだろうな、とは感じていました。

でも、私はそうは思いませんでした。私のまわりもそうは思っていませんでした。その目標を決める根拠となる「設定ロジック」に合意をしていたからです。

目標設定ロジックの算出方法の例

<table>
<tr><th colspan="2"></th><th>メリット</th><th>デメリット</th></tr>
<tr><td>実績ベース法</td><td>対前年、対前クォーター（四半期）等、直近の実績に全体目標のアップ率を掛ける。
【適する状況】・急成長事業
・立ち上げたばかりの事業
・市場の状況がわからないとき</td><td>成績の良い人に引っ張ってもらえる。</td><td>成績の良い人に負荷がかかり続ける。</td></tr>
<tr><td>目標ベース法</td><td>対前年、対前クォーター（四半期）等、直近の目標に全体目標のアップ率を掛ける。
【適する状況】
・未達成者がラクをしてしまっている際の緊急対策</td><td>成績の良い人の目標が上がり続けるのを抑えられる。</td><td>成績の良い人のポテンシャルを引き出せない。</td></tr>
<tr><td rowspan="3">案分係数法
オススメ</td><td>過去の実績と目標の比率から「係数」を出し、その係数に全体目標のアップ率を掛ける。
【適する状況】
・事業が回り始めている状況
・成長期、成熟期、衰退期のすべてに適用できる</td><td>難易度の適正化を図りやすいので、納得感を得やすい。</td><td>計算、調整が手間な面もある。</td></tr>
<tr><td>直近案分法
直近の目標と実績から「係数」を出し、一律のアップ率を掛ける。
《例》
「（直近目標＋直近実績）÷2」とすると、直近の目標1000万円、実績1100万円なら、係数は1050万円。この係数に一律のアップ率を掛ける。</td><td>未達成者への負荷、達成者への負荷の公平感を担保しやすい。</td><td>直近の目標値が適正でなかった場合や、直近の実績が特需であった場合、調整が必要になることがある。</td></tr>
<tr><td>複数案分法
直近の目標と実績だけでなく、“その前”や“前年の同時期”などの過去の目標や実績を加えて「係数」を出し、一律のアップ率を掛ける。
《例》「[（直近目標＋直近実績）＋（その前の目標＋その前の実績）]÷4」の場合
<table><tr><th colspan="2">直近</th><th colspan="2">その前</th></tr><tr><th>目標</th><th>実績</th><th>目標</th><th>実績</th></tr><tr><td>1000</td><td>1100</td><td>900</td><td>800</td></tr><tr><td colspan="2">2100</td><td colspan="2">1700</td></tr><tr><td colspan="4">↓（÷4）</td></tr><tr><td>係数</td><td colspan="3">950</td></tr></table></td><td>直近案分法のデメリット（調整の手間）を解決することができる。</td><td>単純に事務作業が増える。</td></tr>
</table>

目標を決める前に「合意」すべきこと

メンバーに目標を付与する際、必ずやっておくべきことがあります。**「目標の設定ロジック」をチーム内で共有し、メンバーの合意を得ておく**ことです。目標の設定ロジックとは、目標を考える際の「難易度の計算式」です。

もちろん、目標は自己申告であることが、主体性を高める前提であると先に述べました（22ページ）。でも、ある程度のガイドライン（難易度の適正値のガイドライン）がないと、目標設定時にメンバー同士の生産性のない駆け引きが生まれてしまいます。

代表的な例は3つ。前ページの図で示した「**実績ベース法**」「**目標ベース法**」「**案分係数法**」です。

この中で一番のおすすめは、「案分係数法」です。公平感を担保できるからです。

案分係数法の中からさらに、「**直近案分法**」、「**複数案分法**」の選択肢を出し、どのロジックをベースに考えるのかを議論するといいでしょう。こうすると、自己申告の際の余計な駆け引きもなくなりますし、不公平感も生まれにくくなります。

効果的な目標の分配の仕方は？

NG

「できる人」にどんどん負荷をかける

こうすると「一部の人が目標を達成するたびにさらに目標が高くなる」状態となり、不公平感が生まれます。

OK

「目標の設定ロジック」を共有して不公平感をなくす

たとえ一部の社員の目標が高かったとしても、そのロジックが社員に共有されていれば、不公平感は生まれません。

✓ Check 本気になれる目標設定をしているかのチェックリスト

- □ 目標を達成しなければならない理由をメンバーに説明しているか？
- □ 決められた目標を、一方的にメンバーに伝えているだけになっていないか？
- □ 目標の難易度はチームから「達成者が7割」くらいになるように設定しているか？
- □ 事務職などの仕事に対しても、きちんと「測定できる目標」を設定しているか？
- □ 週間、月間、半年、年間など、複数の期間での目標を使い分けているか？
- □ 目標設定の仕方について、各メンバーからの合意を得ているか？

第2章

目標達成の確率を高める「逆算思考」

事業環境が逆風下にあったとしても、どのようにして最短でチームを目標達成に導けばいいのでしょうか？　具体的な手法について解説します。

1 達成の「ロードマップ」がないまま勝負をしない

すべてを「逆算」で考える

目標達成に向かうための考え方には、「積み上げ型」と「逆算型」があります。

「積み上げ型」とは、〝たくさん頑張る〟ことで、結果を出す考え方。いわば、いかに「最速で走る」かを考えている状態です。

「逆算型」は、目標から逆算し、〝やるべきことを絞る〟ことで結果を出す考え方。いわば、いかに「最短距離で走る」かを考えている状態です。

リソース（資源）は限られています。アレもコレもできません。

限られたリソースで確実に結果を出すなら、やるべきことを絞る「逆算型」で考えるしか道はありません。でも、私が見る限り、8割の人は頑張りで目標を達成しようとする「積み上げ型」になっています。

だからこそ、改善の余地が大きいと感じています。

では、どうすればあなたが逆算型かどうかをチェックできるのでしょうか。
四半期（3カ月）の数値目標を与えられたとします。次の項目の中で、あなたがとると思われる行動にチェックをつけてみると、逆算型で考えているかそうでないかがわかります。

□リスクヘッジすべく、前倒しした達成期日を〝自分〟で決めている
□いつでも、前倒しした達成期日までの「残日数」を正確に言える
□毎朝、目標に対し、「見込める数値」「見えない数値」を把握している
□あらゆるリスクを想定し、そのうえで対策も決めている
（景気が悪くなる、ある顧客の契約が止まる等の事態を想定している、など）

すべてにチェックがつけば、逆算思考はバッチリです。

ほとんどのリーダーが、最初は「積み上げ型」

でも、実際のところ、リーダーになったばかりの頃は、誰もが積み上げ型です。

私もそうでした。「いつもより早く出勤して、この逆境を乗り越えよう！」と深く考えもせずに部下に伝えたこともありました。課題を絞ったうえでの対策がそうであれば問題ないのですが、ただ漫然と部下にそう言っているのなら大問題です。

自分一人なら、積み上げ型でも、なんとか頑張れます。自分一人が無理をすれば、ある程度のことはできるからです。

しかし、メンバーにそれを求めると、ブラックな職場になりかねません。**「労多くして功少なし」となってしまう可能性すらあります**。リーダーとしては、それだけは避けたいところです。

だからこそ、逆算型の発想が不可欠なのです。普段の生活をしていくうえでは、逆算型でなくても構いません。自分自身のキャリアや生き方について、ときには早く走るように、ときにはゆっくり歩くように進めていくことは、人生を味わい深いものにするためにはとても大事なことです。

しかし、仕事の目標達成に向けては、逆算モードで進めることに切り替える必要があるのです。

目標達成へのロードマップを持っているか？

NG

目標に向けて「最速で走ろう」とする

頑張りで目標を達成しようとする「積み上げ型」の考え方でのマネジメントは、ブラックな職場環境を生み出しかねません。

OK

目標に向けて「最短距離で走る」ことを考える

ゴール（目標）から逆に考える「逆算型」の思考でマネジメントをすれば、効率的に目標を達成できるようになります。

2 「期末に休める」くらいの余裕を持つ

■あらかじめ達成日を決めておく

目標に向かって仕事を進めていても、想定外のことは、常に起こると考えておきましょう。景気の悪化、顧客の予算縮小、メンバーが休まざるを得なくなる事態……。

こうした「想定外を想定内にする」のも、逆算思考の基本です。そのためにはまず**「バッファを設けた〝達成予定日〟を自分で決める」ようにしましょう。**

「バッファ（buffer）」とは、もともとは「緩衝」という意味です。それが衝撃によるショックを和らげる装置、例えば「ハンドルのあそび」「自動車のバンパー」等を指す言葉として使われるようになりました。今ではマネジメントに転用され、**納期に対する「余裕の度合い」の意味で使われます。**

例えば、3カ月で設定された目標があったとしましょう。

積み上げ型の人は、会社から定められた納期までに達成をすればいいと考えます。

しかし、それでは、予期せぬ逆風が吹けば、未達成になってしまいます。

なので、逆算思考をする人は、納期から逆算して、10～20％ほどのバッファを持つようにし、自分の意志で達成予定日を前倒しするのです。

バッファを持つと、達成確率が高まる

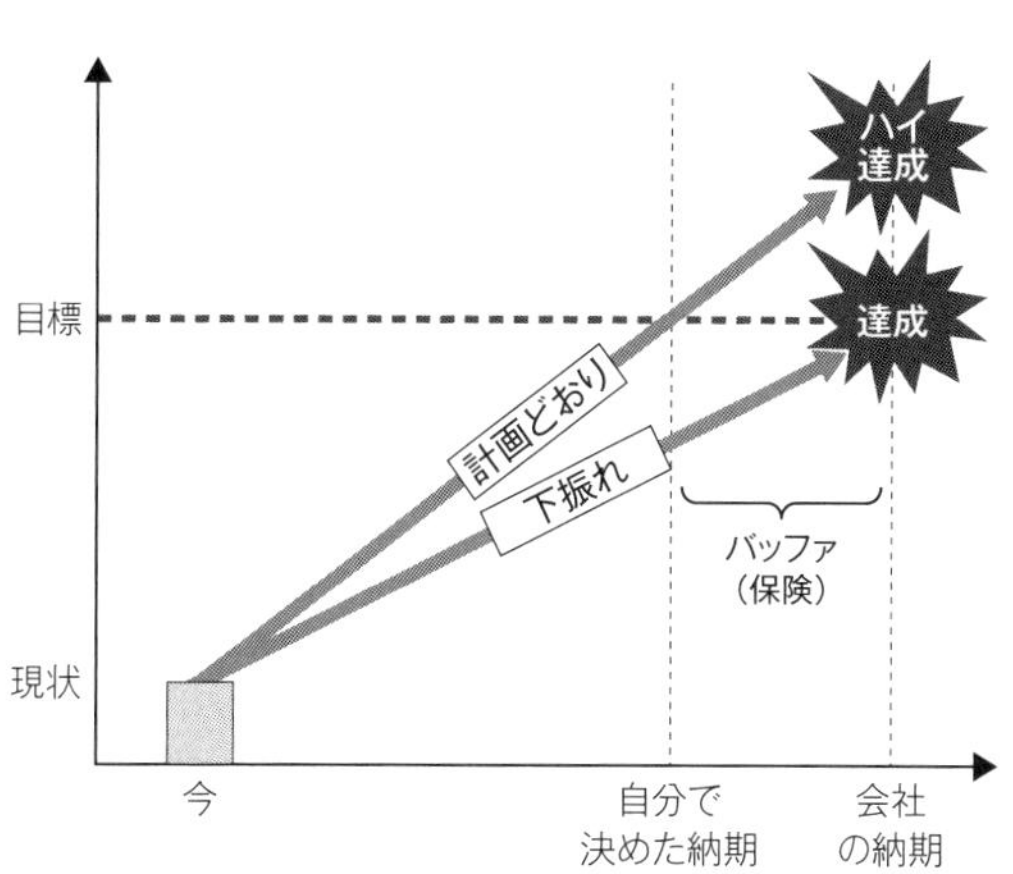

上の図をご覧ください。
このように、目標への進捗の度合いが下振れしたとしても、前倒しした期間がバッファの役割を果たし、計画どおりに行かなくても、最終的に達成できるのです。
一方で、計画どおりに行けば、ハイ達成（高達成率）になる、というわけです。

■「早期達成サイクル」が回り始めると期末に休暇もとれる

バッファを設け、ひとたび計画どおりに行くと、次の期間に向けて、早くスタートを切れるようになります。

私も、経験上、そのことを実感しています。

あるときのこと、3カ月（12週）の目標を、10週で達成すると決めました。すると、面白いもので、その期間で達成できたのです。

そうなると、次に向けてのスタートが早く切れるようになります。次の3カ月は、なんと8週間、つまり2カ月で達成してしまったのです。そのため、期末でありながら休暇をとれる状態になり、旅行にも行きました。私の部下も、順番に休暇をとりました。

その後も、このサイクルが回り続けたため、私のチームは余裕を持って達成ができるようになりました。そのとき、つくづく実感しました。これは、**能力ではなく、「逆算思考」の効果だ**、と。

ぜひ、皆さんも目標に対してバッファを設けてみてください。きっと目標達成がラクに、そして今よりも確実なものとなるでしょう。

目標達成の予定日を逆算的に決めているか？

OK

自分の意志で、バッファを設けた達成予定日を決めている

前倒しで予定日を設定することで、不測の事態への対応も可能となり、期末に休暇をとる余裕も生まれます。

NG

会社が定めた「締め日」までに達成できればいいと考える

予定日を締め日ぎりぎりに設定すると、何かあったときの対応ができなくなります。

3 「あらゆる想定外」への対応策を準備しておく

できるリーダーは「リスクマネジメント」をしている

目標達成をするためには「攻め」の姿勢は絶対に必要です。でも、目標の〝連続達成〟を目指すなら、「守りの姿勢」も不可欠になります。

逆算思考で大切なのは、「あらゆる想定外への対応策（予防策、事後対策）を持つ」こと、つまりリスクマネジメントです。

景気の悪化、顧客の予算縮小、従業員の病欠、予定どおりに採用ができないなど、想定外のことが起こっても、きちんと対策がとれるようにしておきましょう。

リスクマネジメントは、次の3つのステップで考えるのがコツです。

Step 1 まず、外部環境のリスクを想定する

Step 2 次に、内部環境のリスクを想定する

Step 3 そのうえで、対処すべきリスクを決める

まず、「外部環境のリスク」です。経営環境分析の手法として、アメリカの経営学者、マイケル・ポーターが提唱した「**5つの競争要因**」というものがあります。

- **競争業者の動き**……ライバル企業の動きは？
- **新規参入の脅威**……新たな競合会社の出現はないか？
- **代替品の脅威**………他の手段に切り替えられないか？
- **顧客の交渉力**………顧客の立場が強くならないか？
- **供給業者の交渉力**…商品の仕入れ先が不利になる交渉をしてこないか？

これらの切り口から漏れなく、外部環境のリスクを想像します。
次に「内部環境のリスク」です。「**4つの経営資源**」の切り口で想像します。

- **人**……人数は足りているか？　スキルは十分か？
- **物**……競合会社と比較して、明確な優位性はあるか？

リスクマネジメントの手順

Step1　外部環境のリスクを創造する（「5つの競争要因」で）

新規参入の脅威
■新しい同業者の登場

供給業者の交渉力
■商品が希少
■業者の方針、等

競争業者の動き
■値引き
■新商品の投入、等

顧客の交渉力
■コンペができる
■ニーズの減少、等

代替品の脅威
■新形態のものに替わる（AI、Webサービス、等）

Step2　内部環境のリスクを想像する（「4つの経営資源」で）

人	物（物品）	金	情報
■人不足	■商品力不足	■予算不足	■業界情報不足
■退職、休暇	■値段不整合	■販促費	■法令情報不足
■スキル不足	■アフターサービスの不足	■人件費	■景況情報不足
■モチベーション不足			■法令順守

Step3　発生確率、影響の大きいものの対策を考える

リスク	予防策	事後対処
離職リスク	面談をする	派遣に依頼
ニーズ減少リスク	新商品の準備	新商品投入
同業の値引き攻勢	長期契約の促進	オプションの無料提供

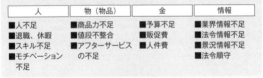

- **金**……販促や増員、アウトソーシングの手段を使う余裕はあるか？
- **情報**…顧客が知りたい情報の準備は？　商機につながる情報の整備は？

以上の切り口で、あなたのチームの能力を見定めます。

この「外部環境」「内部環境」のリスクを見極め、そのうえで、「予防策」と「事後対策」を考えます。

すべてに対応する必要はありません。優先順位を決め、必要な対策（予防策、事後対策）を定めておくのです。これを繰り返すと、次第に図式化せずに、頭の中でもできるようになります。

走り出す前にリスクの検討を

10年連続で四半期の目標を達成し続けた、ある営業マネジャーの例を紹介しましょう。彼は、景気低下に伴い、ニーズが減る（つまり、顧客側の交渉力が高まる）と見立てました。そうなると、自社で扱う商品が値崩れを起こし、目標達成は厳しくなると考えたのです。

そこで、上司を口説き、新商品の「実験」をすることの許可を取り付けました。会社は、まだ本格的にその商品を投入しようとは考えていなかったのですが、「実験」として顧客に売り込むことで売上も立ちますし、顧客からの評価もフィードバックされます。新しい商品ですから、まだ競合他社もいません。

新商品の紹介を積極的に行った結果、「さすがに今回は厳しいかも」と周囲は思ったものの、やはり彼は目標を達成したのでした。

何年も目標を達成し続けるリーダーは、ここまでのことを頭の中で考えているものです。

まずは、**目標に向かって走り出す前に、どんなリスクがあるのかを考え、それにどうすれば対応することができるのかを決めておきましょう。**

リスクマネジメントを適切に行っているか？

OK

計画は「悲観的」、行動は「楽観的」

あらゆるリスクを想定した計画を立てたうえで、ポジティブに行動すれば、目標達成が確実なものになります。

NG

計画は「楽観的」、行動は「悲観的」

リスクを想定しないで計画を立ててしまうと、実際に行動したときに何か問題が出てくると、一気に悲観的になってしまいます。

4 思いつきで「やること」を決めない

「How」より「What」で考える

「目標達成が厳しいので、出勤を1時間、早めよう」
「目標達成が厳しいので、DMを追加投入しよう」
「目標達成が厳しいので、お客様からの紹介を強化しよう」

ちょっと厳しい言い方ですが、これらのセリフは、「考えていないリーダーがやりがち」な行動の典型例です。

まず、手段（How）を考える前に、課題（What）を特定しなくてはなりません。やみくもに冒頭で挙げたような手段を実行しようとするのは、目標達成における課題を何ら見出していないからです。つまり、「**手段からではなく、課題から考える**」**ことが、達成を確実なものとするためには不可欠**なのです。

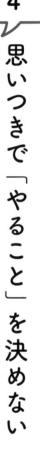

まず、「課題」とは何か。一言でいうと、「解決しなければならないこと」です。

例えば、売上目標を20％増やすことがゴールであるとしましょう。売上を増やす方法は、「契約件数」を増やすのか、「顧客単価」を増やすのか、この2つしかありません。この2つの方法をさらに細分化していくのです。

前者の「契約件数」のルートでは「新規契約」を増やすのか、「既存のリピート契約」を増やすのかに分けることができます。こうしていけば、今、どのような課題があるのか、浮かび上がってきます。例えば、売上目標達成に向けて、「リピート契約」に課題を置くと、「売上を上げるための課題は、リピート率を20％高めることです」などと特定できるようになります。

冒頭の「1時間早く出勤」とするのは、逆算思考ではありません。早く出勤しても、

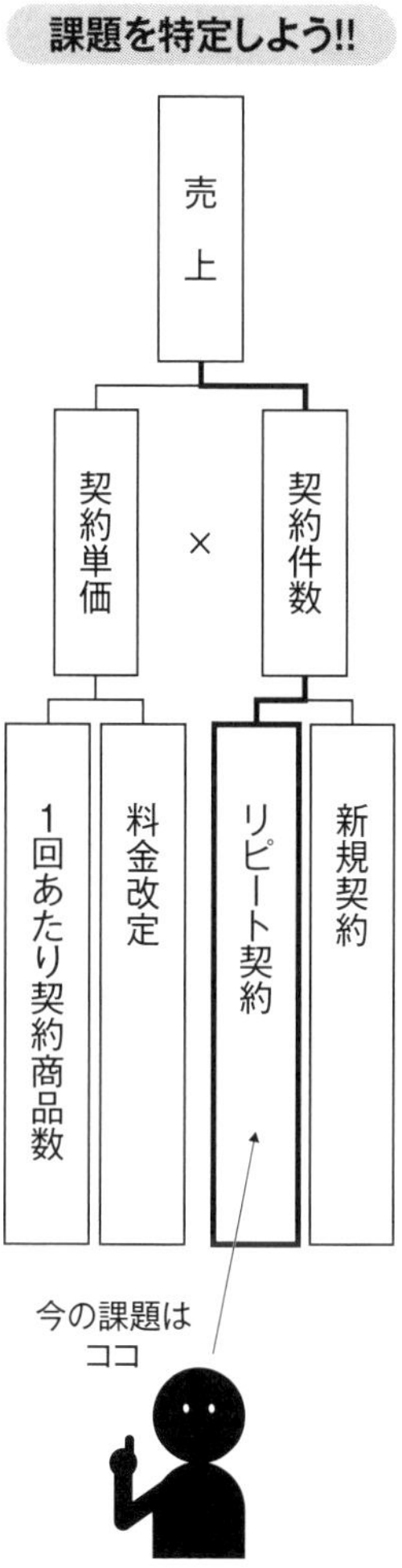

課題を特定できなければ、漫然と仕事をし続ける時間が増えていくだけだからです。

「この問題において、解決すべき課題は何か？」と、常に考えましょう。

自分で問題を解決するときはもちろん、打合せでも、常に「課題を何に設定するのがベストなのか？」と問いかけるのです。

「ロジカルシンキング」をツールとして使う

このような課題設定の手法は、「ロジカンルシンキング」と呼ばれます。また、ロジカルシンキングで使う樹形図を「ロジックツリー」といいます。

まずは、**何事も、ロジックツリーで考えるようにしてみてください。**

「難しそう」「苦手だ……」と思わるかもしれませんが、とても大事なことです。これができないと、無駄なことが増え、メンバーを疲れさせてしまうでしょう。

ロジックツリーを使えば、経験則に頼るのではなく、幅広い要因を出したうえで、課題を絞れるようになります。左ページの図では、「営業利益目標」「新規契約数目標」のケースで、ロジックツリーを作成してみました。ロジックツリーにすることで、どれが課題かを、あぶり出すことができます。

ロジックツリーが、最短距離を探す地図になる

営業利益目標の達成への最短距離

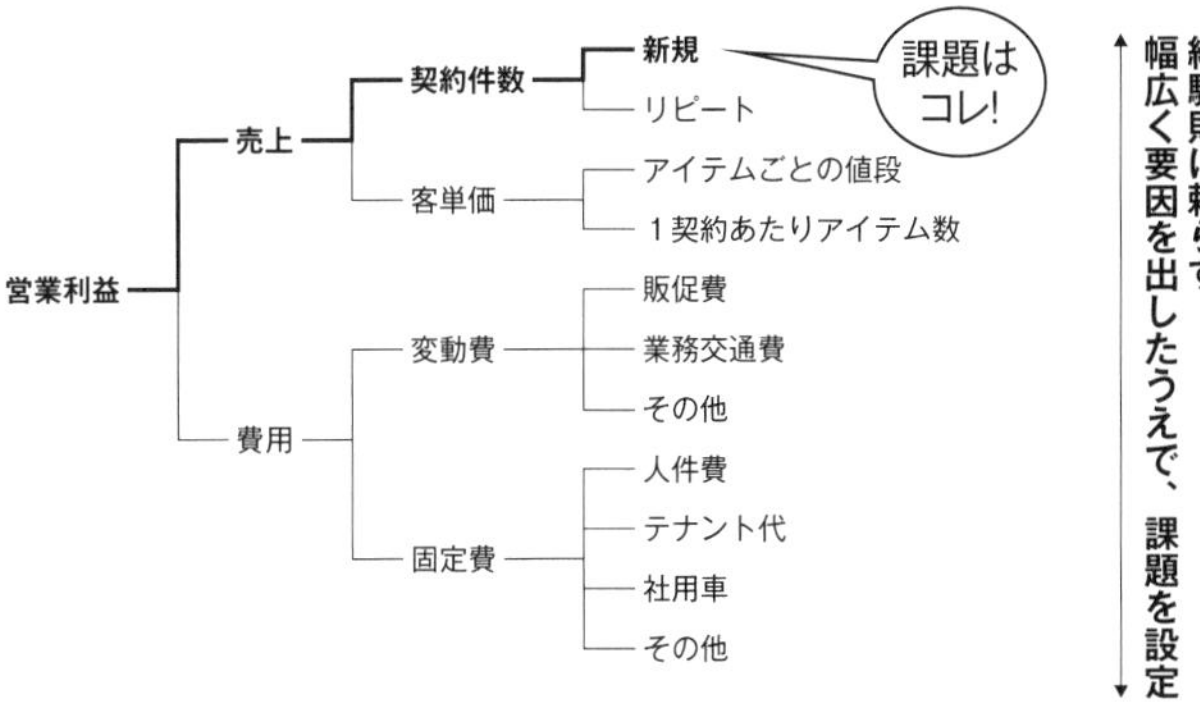

新規契約目標の達成への最短距離（テレアポ型）

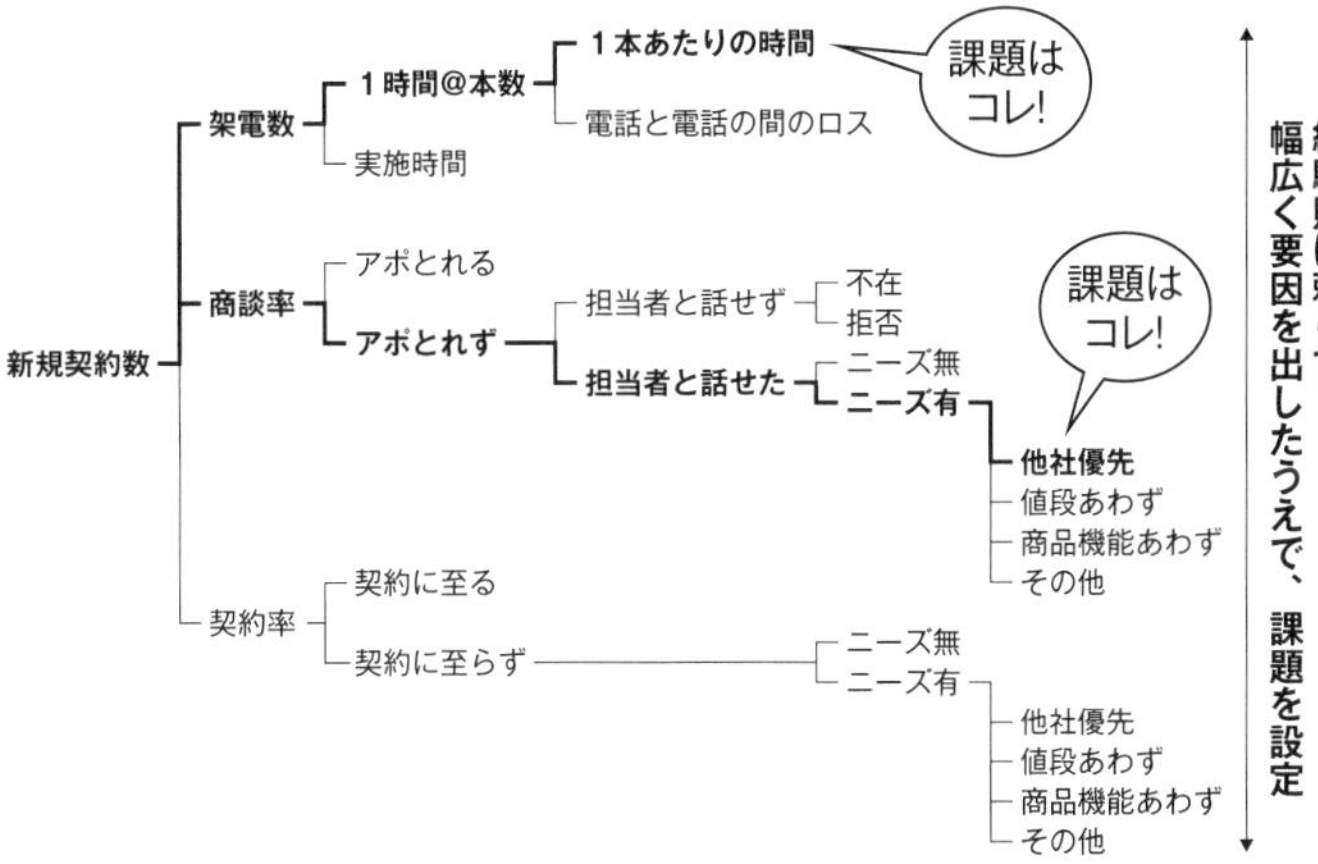

■MECEに空欄を埋める

ロジックリーを作成するのは難しそうと思われた人も安心してください。簡単なやり方を紹介しましょう。

要素をMECE《ミーシー》（もれなくダブりなく）で機械的に出していきます。**計算式として分解して考えると、自動的にMECEになります。**

例えば営業利益は、「売上－費用＝営業利益」なので、「売上」と「費用」で分ける。新規開拓件数は、「架電数×商談率×契約率」で考えられるので、「架電数」「商談率」「契約率」で分ける、といったようなMECEになります。

残業削減も、「業務量×生産性（時間あたり仕事量）」で計算はできますし、モチベーション向上も「動機づけの要因向上＋不満要素の削減」の計算式で成り立ちます。

そこから、さらに細かく分け、最も効果を得やすいと思われるものを課題として選択します。

なお、**課題を絞る際、正解さにはこだわりすぎないこと**が大切です。やってみないとわからないため、間違いだとわかれば、課題を修正すればOKです。

目標に向けて、やることを絞っているだろうか？

NG

「HOW（手段）」から考える

目標達成における課題が見えてこなければ、いくら手段を考えて実行しても時間の無駄になります。

OK

「WHAT（課題）」から考える

目標達成への具体的な課題を見出して、そこから手段を考えていきましょう。

5 「常識の範囲」を飛び出す思考をしてみる

■ロジカルシンキングで「ぶっとんだ発想」を生み出す

ときとして、常識的に考えると、目標達成がとても困難な状況に出くわします。いきなり「今までの10倍の売上を上げろ」と言われることもあるかもしれません。このような状況も、ロジカルシンキングができれば、乗り越えやすくなります。

ロジックツリーをうまく使えば、ウルトラCのような大胆な発想力を手に入れることもできるのです。

結果を出し続ける人は、本当に〝あの手この手〟を考えるものです。以前、一緒に会食した年商80億円のある経営者の方は、次のようなことを言っていました。

「今すぐ100億円を用意しろ、となればいくつかの案を思いつくけどね……」

また、前職で事業の責任者をしていたとき、「今の組織で、2倍の売上をつくるのは厳しいかも……」と私が返事をすると、役員からは次のように言われました。

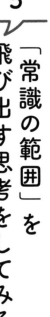

「常識で考えると、そりゃそうでしょ。Ｍ＆Ａをやることとかは考えた？」

たしかに、Ｍ＆Ａで競合他社を飲み込めば、一気に売上を2倍にすることはできそうです。しかし、自社のことしか考えていなかった私には、そのような発想は全く思い浮かびませんでした。

では、どうすれば、そんな常識にとらわれない発想ができるのでしょう。

新しい分岐をつくればイノベーション！

決して彼らに特異な力があるわけではありません。言ってしまえば、このような発想をする人は、**ロジックツリーの最初の分岐で「ありえない分岐」をつくるのが上手なのです。**例えば、「旅行」を分けると「国内」「海外」に分けるのが普通でしょう。しかし、彼らは、新しい分岐をつくれないかと考えるのです。つまり、「旅行」の後に、「地球旅行」「地球外旅行」の分岐ができないか、といった発想をするのです。まさに、「月に行く」と言ったゾゾタウンの元社長の前澤友作さんがそうでしたよね。

「地球内旅行」を分ければ、次の分岐で「国内」「海外」になり、もう一方の「地球外旅行」の後は、「周遊系」「着陸系」と分けられるかも、といった発想につながるわけです。

新規契約目標の達成への課題設定の例

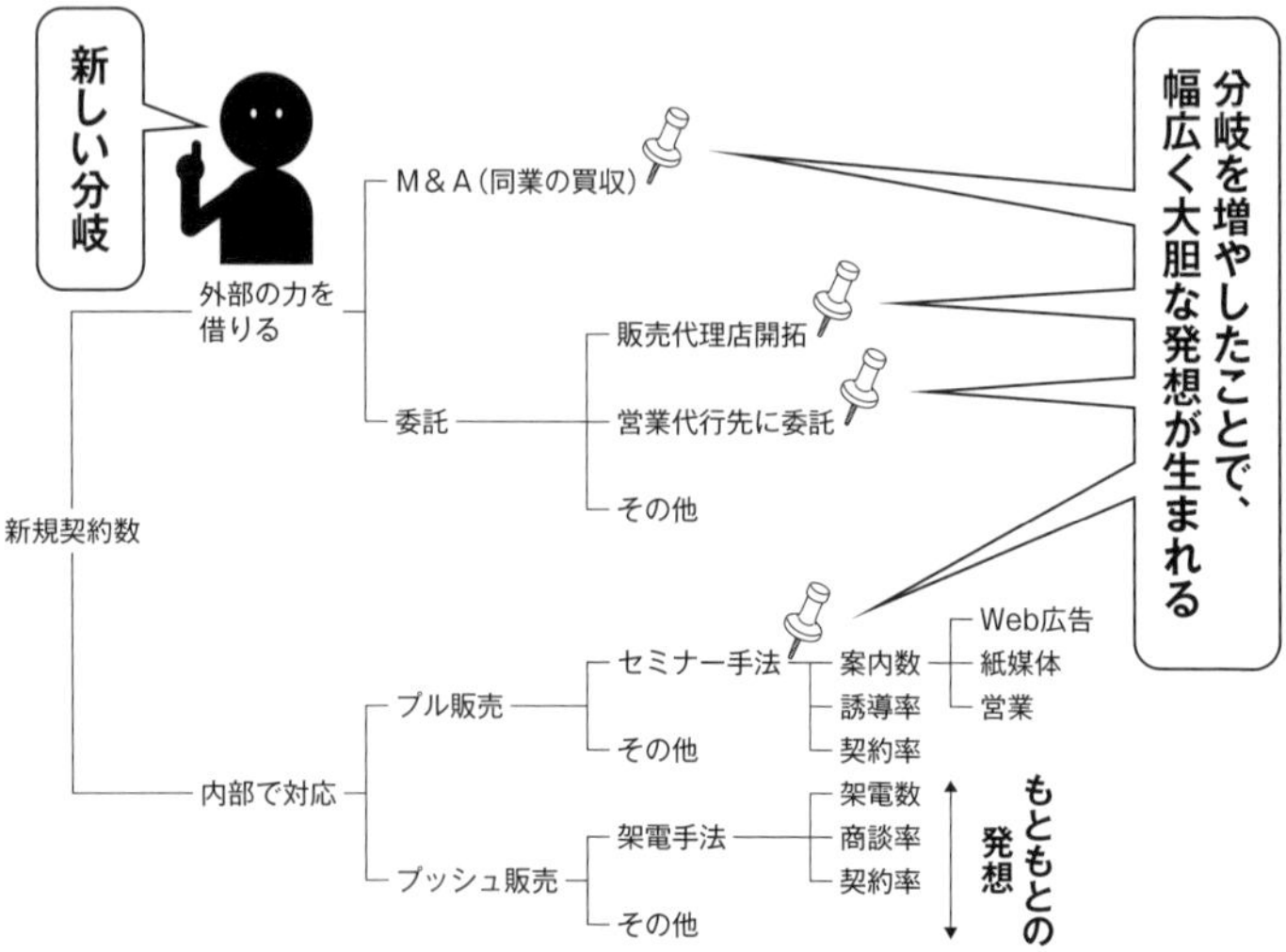

では、先ほど（71ページ）の「新規契約数目標」のロジックツリーを使って、「新しい分岐」を考えてみましょう。

例えば、「外部の力を借りる」という「ありえない分岐」をつくったとします。すると、その分岐から、一気に選択肢が広がることがわかります（上図）。

外部の力を借りるとなれば、営業代行にお願いしたり、M＆Aという選択肢が見えてきます。

このように、「新しい分岐」をつくれば、自動的にアイデアが生まれるようになるのです。

常識にとらわれていないだろうか？

NG

常識を盲目的に信じて行動する

常識にとらわれすぎた発想では、ありえない事態を前にしたとき、対応策が出せなくなります。

OK

ときには、常識を「疑う」発想をする

常識的な発想を一度疑ってみることで、ありえない事態でも打開策が見つかる可能性が出てきます。

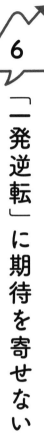

6 「一発逆転」に期待を寄せない

「達成トレンド」を下回らないようにする

逆算思考で大切なのは、「達成予定日から逆算をし、今日の到達点」を決めておくこと。「目標達成に向けて、今日は50万円分までやろう」――そんなイメージです。

目標達成に向けての「今日、到達しておかないといけない到達地点」のことを「達成トレンド」といいます。例えるなら、ある山の山頂に到着するには、朝の10時には5合目まで到達しておこう、11時には7合目まで――といった考え方と一緒です。

次ページの図をご覧ください。

まず、数字が伴う目標の場合は、図のように、目標達成に向けての「**トレンド線**」を引き、達成トレンドを明確にします。そして、この達成トレンドを下回らないよう

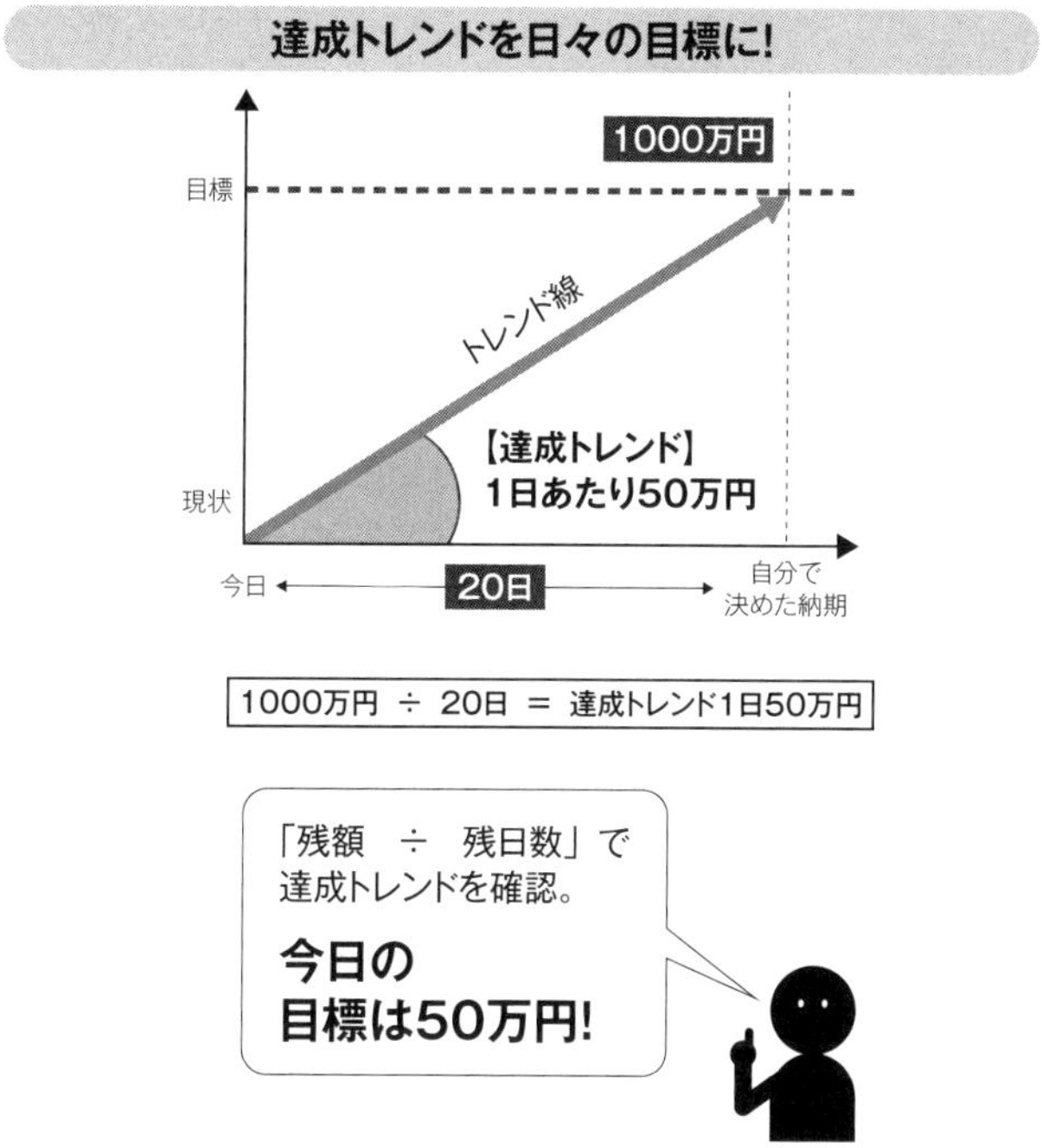

にするのです。

トレンドに対しては、「１日あたりの販売額」「１日あたりの商談数」「１日あたりの面談回数」といったようなものでマネジメントすることになります。

プロジェクト型の進捗ベースの目標の場合には、スケジュールを細分化し、１日分の仕事量を決めておくようにしましょう。

1日の「締め切り時間」を必ず決める

この際、大切なことは、残業にならないように必ず、「今日は17時までに達成する」など、**「期限」を明確に決めておくことです。**さもないと、帰りにくい雰囲気になり、皆が意味もなく残業を続ける痛々しい職場になります。

その日が未達なら、「挽回する日」と「その対策」を決め、翌日に備えて帰宅してしまいましょう。

ただし、このようなトレンド管理をガチガチにすると、職場から笑顔が消え、仕事が「労役」のようになってしまいます。あくまで、**部下自身のセルフマネジメント（自分で考え、判断をし、実行をすること）を促す**ようにしてみてください。ただ、その日の目標の達成が厳しくなりそうなら、報告、相談はしてもらいます。

「管理」が目的ではありません。目的は「一緒に対策を考えること」です。

部下自らが立てた対策によって、達成トレンドをクリアすることで、目標達成の確率をより高めることができます。

目標の遅れを挽回しようと焦らないためには？

NG

後半になって「急に」焦りだす

期限間近で挽回しようと思っても、焦りばかりが先行し、かえって目標から遠ざかってしまいます。

OK

「達成トレンド」で進捗をマネジメントする

達成トレンドと進捗を常に把握しておくことで、目標に向かって逆算的に動き出すことができます。

7 「はずれない予測」を立てる

■曖昧な予測は「希望」にすぎない

多くの会社では、売上の見込み（額）の予測管理をしているかと思います。しかし、各メンバーの「希望」が含まれた曖昧な予測になっていないでしょうか。このような「ＫＫＤ（経験・勘・度胸）」をもとにした**希望的観測を排し、「確度別に見込み管理」をする**ことも、逆算的に考えるうえでは大切です。

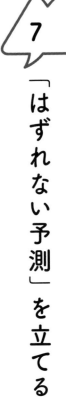

ここで、紹介したいのが、「ヨミ管理」という手法。予測をＡＢＣの「確度別」に把握していくのです。

実は、私の前職のリクルートグループ全体で用いられている手法です。特定の会社の手法には汎用性がないのが一般的ですが、このヨミ管理は、どの会社や業種でも使える、汎用性の高いメソッドだと確信しています。実際、起業や転職したリクルートグループのOBが、転職先などでもヨミ管理を導入することで、目標マネジメントの精度を上げているというケースは、数多《あまた》あるからです。ここでは、私なりのメソッドを含め、どんな職場でもヨミ管理を簡単に導入できる方法と、それを効果的に実践していく方法を紹介します。

やり方は、営業であれば担当する顧客別にAヨミ（受注見込み80％以上）、Bヨミ（同60％以上）、Cヨミ（同30％以上）、Dヨミ（それ以外。同10％としておく）と分け、それぞれの係数をかけて計算をするだけです。50万円の売上が見込める顧客からの受注確率が80％だとしたら、40万円ということになります。読みが何％であるかという確度は、個々人の感覚で決めますが、繰り返すうちに精度は上がります。

ヨミ管理をすれば、確度を把握できる!

	金額	
目標	700	
契約額	120	599
ヨミ	479	
差引	101	

(万円)

		金額	合計	係数	予測値
Aヨミ	○○企画	50	280 ×	80% =	224
	○○商事	80			
	○○物産	50			
	○○工業	100	+		+
Bヨミ	○○産業	70	260 ×	60% =	156
	○○恒産	50			
	○○興業	20			
	○○証券	120	+		+
Cヨミ	○○技巧	50	190 ×	30% =	57
	○○信金	60			
	○○銀行	50			
	○○商工	30	+		+
Dヨミ	○○窯業	150	420 ×	10% =	42
	○○食品	180			
	○○飲料	50			
	○○物流	40			
ヨミ合計			1150		479

(万円)

ヨミ管理を使えば、自動的に逆算モードになれる

基本的には算出された数字がすべてで、それをもとに日々の進捗も確認していくことになるのですが、端数が出る場合や、特定の顧客の数字があまりに大きく、計算式だけだと全体に大きく影響する場合は、自分なりに調整を加えます。このあたりは、なぜそのようにしたのか、担当者自身が説明できればOKです。

この**ヨミ管理のメリットは、自動的にメンバー全員が「逆算モード」になれること。**

私もマネジャー時代、このヨミ管理があるおかげで、随分とラクになりました。

余談ですが、私が起業する際、前職で同僚だった家内から提案されたのもヨミ管理でした。彼女もヨミ管理の効果を知っていました。

「独立の応援はする。でも、生活も大事。起業前に、ヨミ管理で基準を決めておかない？」と言われました。会社員時代の年収の2倍となるような、確度の高いAヨミ（80％）、Bヨミ（60％）を計算しておく。これが独立の基準になりました。

独立初年度より、家族のおかずを減らさなくて済んだのも、このヨミ管理の効果だと実感しています。

しっかりと、予測を見立てているだろうか？

OK

予測を「ＡＢＣ（確度別）」で立てる

確度別にＡＢＣなどとランクを分けて具体的な数字を立て、それをもとに予測値を出すことで、予測がはずれにくくなります。

NG

予測を「ＫＫＤ（経験・勘・度胸）」で立てる

このような予測の立て方だと、希望的観測が入ってしまい、予測する意味がなくなります。

8 最高の「タイミング」を管理する

タイミングによって効率は大きく変わる

ビジネスで成果を上げるためには、「タイミング」を管理することは不可欠です。

例えば、法人の顧客にある商品を提案するとしましょう。

Aさんは、地域別ごとに訪問をし、今月は南地区、来月は北地区と、効率的にまわる作戦をとったとしましょう。

一方、Bさんは、新商品の導入を検討する可能性の高い、先方の予算確定の時期を把握したうえで、「予算確定月ベース」で優先順位をつけて、まわる作戦をとったとしましょう。

さて、どちらが、成果が出るでしょうか。

当然ですが、Bさんのほうが結果は出ます。つまり、**「課題」を特定し、「やること（対策）」を決めた後は、「いつ（タイミング）」についても決める必要があるのです。**

例えば、法人営業なら「**決算月**」はまさにそうでしょう。このタイミングの前後で、翌期の予算確定をするからです。

顧客の「**購入頻度**」でタイミングを決めるのも効果的です。

3カ月に1回の頻度で購入する顧客と、1年に1回の購入の顧客とでは、当然ですが提案するタイミングは変わります。

さらには、「**使用頻度**」でもタイミングを管理できます。

化粧水の営業について考えてみましょう。その化粧水は、購入から3カ月で使い切る商品のはずなのに、3カ月後に購入者に聞くと、「まだ残っている」と答える人が多かったとします。

すると、どこかで「定められた使用頻度」を守っていない、ということになります。では、どのタイミングで、使用頻度が崩れ始めるのか、そのタイミングを検証してみるのです。購入から10日目前後から崩れ始めるとすると、そのあたりで、「使い続ければ効果が出ますよ」などと「使用頻度」を守るメリットを伝えるアプローチを行ったら、3カ月後のリピート率を維持できる、というわけです（再春館製薬所がこの手法で成功しています）。

「カスタマーサクセス」の観点で考える

さらに応用編です。最近、注目されている考え方に**「カスタマーサクセス」**という考え方があります。これは、**「顧客（カスタマー）」の売上や利益をアップさせるなど、成功に導くために、自社商品を使ってもらう提案をすること**をいいます。

例えば、美容院にシャンプーを売る営業だとします。この場合、シャンプーの品切れを予測して営業活動をするだけではなく、美容院の売上アップ策を一緒に考えます。

ここでも、美容院にとってのタイミングで商機を見つけるのです。平日の10～15時に空席が多いようなら、その時間帯のメイン顧客であろう「高年齢層の女性」の集客を増やすべく、「女性向けの育毛効果のあるシャンプー」の導入を美容院に提案することなどが考えられます。自社とともに、美容院の売上アップにも貢献できるというわけです。

このように、**顧客の「商機（商売の余地）」のタイミングを把握することも、タイミング管理の一つなのです。**

対策のタイミングを考えているだろうか？

OK

最適な「タイミング」までを決めている

成果が出やすいタイミングを見計らって行動することで、効率的に目標達成を実現することができます。

NG

「何をやるか？」までしか決めていない

アプローチのタイミング考えず、目標ばかりを見てしまうと、タイミングが合わず、チャンスを逃してしまいかねません。

Check 逆算思考で目標達成を考えているかのチェックリスト

□ 目標達成までの「最短距離」を常に意識しているか？

□ バッファを設けて達成予定日を前倒しに設定しているか？

□ 内部環境、外部環境のリスクをあらかじめ想定し、その対策を用意しているか？

□ 目標達成の手段（Ｈｏｗ）を考える前に、課題（Ｗｈａｔ）を特定しようとしているか？

□ 目標への「達成トレンド」を意識しながら、その日やることを決めているか？

□ 売上の見込みなどの予測を確度別に、合理的に算出しているか？

第3章

チームの各メンバーの目標を必ず達成させるマネジメント

あなたがチームのメンバー個人の目標を達成させるために、リーダーとしてどのようなことをしていけばいいのでしょうか。具体的なポイントを見ていきましょう。

1 「やったか、やっていないか」の確認だけでは意味がない

■「未達成に向けてまっしぐら」の悲劇

営業研修の講師をしていると、こんな声をよく聞きます。

「サボっているわけでもないし、一生懸命にやっている。でも、達成は厳しい」と。

頑張っているのに結果が出ていないときこそ大事なチェックポイントがあります。

それは、**「サボっているかどうか」の確認ではなく、「設計図どおりに実行」しているかどうか**です。

ある例を紹介しましょう。その会社は、事務機器の販売を行っており、電話でアポイントをとって、商談をし、契約を獲得するという営業モデルで仕事を回していました。その会社の各メンバーの月間の新規契約目標は3件。アポイントメントのためにどのくらい電話をかけているかというと、1日45件の新規開拓の電話をしているといいます。

上司から「1日40～50件の電話をするように」という指示を各メンバーは受けており、そのとおりにやっているのに、目標を達成できていないわけです。そこで、状況を調べてみました。

苦戦するメンバーに足りないもの

確認してみると、やはり、このままやり続けても目標は達成できないことが判明しました。具体的には、次のような原因がありました。

- 商談からの契約に至っている率は10％しかない（会社の予測は30％）。つまり、3件の契約をとるためには30件もの商談が必要になる計算に。
- 電話から商談に至っている率は2％と問題なし（予測も2％の見立て）。でも、そもそも商談からの契約率が10％と想定を下回っているため、30件の商談が必要な状況になっており、必要な架電数は月間で1500件（1日75件が必要）に膨れ上がっている。

・つまり、1日さらに30件の電話をかけなければならないにもかかわらず、不足したまま、全力で達成率の低い商談に力を注いでいる状態に。

この状態であれば、商談での契約率を10％から30％に引き上げるか、または、架電数を1日75本にするか、アポイント率をさらに上方修正する必要があります。

このように、現状をきちんと確認しておかないと、部下にやみくもに努力させ続けることになってしまうのです。

メンバーが頑張っているのに結果が出ていないときは、「**達成の設計図**」**があるかどうかの確認はもちろん、あったとしても、そのとおりに実行できているかを確認することが重要なのです。**

メンバーの「何を」マネジメントしている？

NG

「行動のマネジメント」ばかりをする

結果が出ていないときは特に、部下の行動を逐次把握しようとしがちですが、「達成の設計図」が間違っていれば、意味がありません。

OK

「プロセスのマネジメント」が適切かを考える

メンバーの結果が出ていないときこそ、目標達成に向けてのプロセスが適切かどうかを、きちんと確認してみましょう。

2 「徹底の基準」を曖昧にしない

最初にきちんと教えておくべきこと

上司「ちゃんとやっている?」
部下「はい、ちゃんとやっています」

こんな会話が通用するのは、「徹底の基準」が共有されているときだけです。

言われたことだけをきちんとやっていれば、「ちゃんとやっている」という人もいれば、言われたことだけでなく、自分なりにやり方を工夫してアレンジすることを「ちゃんとやっている」と考える人もいます。

これだけでは足りないという人もいるでしょう。「自分だけの工夫ではなく、上司や先輩に相談して、自分の不足を補う」ことこそが、「徹底」だと考える人もいます。

つまり、**どのくらいが「ちゃんと」なのかという、「徹底の基準」を、チーム内で明確にしておかねばならないのです。**

もちろん、「自分だけの工夫ではなく、上司や先輩に相談して、自分の不足を補う」ことが理想的な「徹底」の姿です。メンバーの目標を必ず達成させるマネジメントの鍵は、このレベルで「徹底の基準」を揃えておくことです。

そもそも、あなた自身は大丈夫か？

そこで、チェックすべきは、リーダーであるあなた自身の徹底基準です。あなたにとって、徹底とはどちらに近いですか？

A：自分のできる範囲で、精一杯の努力をする。
B：自分のできる範囲を越えても、あらゆる手を考え尽くして、やり遂げる。

リーダーは、迷わず「B」でないといけません。常勝のビジネスパーソンは、皆そのように選択します。つまり、あなた自身は「B」であることを前提に、メンバーに次のように伝えなければならないのです。「**徹底とは、自分のできる範囲での努力だ**

けではなく、人の力を借りたり、今までとは異なる手法を使ってでもやり遂げること」だと。

■社会のルールに反することは、絶対にやらない

ただし、いくら「徹底をする」といっても、ビジネスパーソンとして「いけないこと」をやるのはタブーです。

自爆行為（自社商品を買っての目標達成）、下請業者への無茶なバーター（無理やり商品を買わせる行為）などは、今の時代にやっていると、すぐに不祥事として流布してしまいます。そんなことをするくらいなら、堂々と未達成になったほうが、はるかにマシです（いや、そうしないといけません）。

「徹底度」を高めるときこそ、リーダーは、社会常識を全うする冷静さも同時に求められるのです。

「徹底の基準」は、部下と共有されているか？

OK

「人の力を借りてでも」やる

上司や先輩の力を利用してでも、目標達成に向けて進むことこそ「徹底」だという意識を、部下と共有しておきましょう。

NG

「自分なり」に一生懸命やる

どんなに努力しても自分の力だけでは限界があります。それだけでは「徹底」とはいえません。

3 「それはやらなくていい」と言ってあげる

■エネルギーを分散させない

マネジメントの大家、P・F・ドラッカーは、「成果をあげる人は、自らの時間とエネルギー、そして組織の時間とエネルギーを、一つのことに集中する」と述べています。

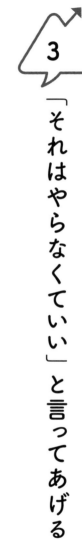

実際、苦戦する人ほど、アレもコレもやってしまい、行動すれど達成できず、といった状況になっていることは少なくありません。**結果を出すビジネスパーソンは、アレもコレもしません。やりたくても我慢します。**短時間で結果を出すことに注力するためです。

これは、戦略のセオリーです。33期連続で増収増益（2020年2月時点）を誇る、ニトリの似鳥昭雄会長は、「ホテル業の誘いをもらったが、やらなかった」といいます。また星野リゾートの星野佳路《よしはる》社長も、「ホテルの運営はするが、所有はしない。我々はホテル運営のプロなので」と〝やらない〟ことの大切さを説いています。

優れた経営者は、時間、資本、エネルギーには限りがあることを熟知しているから、〝やらない〟ことの大切さを知っているのです。経営者でなくても、現場のリーダーでもセオリーは一緒です。**自身が率いるチームのメンバーに、アレもコレもやらせないのは、セオリー中のセオリーなのです。**

■「KPI地獄」になっていないか？

ある企業の営業リーダーから相談を受けたことがありました。

「今、うちの部署はやることが非常に多く、部下たちの体がちぎれそうです……」と。

聞くと、7つの重要業績評価指標（KPI）が導入され、それをもとに動くことが求められているというのです。

「商品の案内件数」「その商品の導入率」「導入後の利用率」「実施後の満足度」などの指標が導入されており、それぞれの指標に「やるべき行動」がいくつも設定され、ひたすらそれに従って行動しているというのです。

経営レベルでは、このくらいの指標があっても何の問題もないのですが、日々の営業活動などの現場のマネジメントでは、このような数の指標はパワーを分散させてしまうだけです。

まず、**実行組織においては、KPIは最大でも3つ。できれば1～2つに絞ります。**「今、どこに注力すべきか」を考えて、やるべきことを絞るのです。

ちなみに、私のところに相談に来られたリーダーは、「今は自社の商品を広めるための初期フェーズ」と判断し、この期間のKPIを「商品の導入率」に絞って運用されました。

結果として、商品導入率アップのために「パンフレット」「説明ツール」「セールストークのやり方」などに対して、メンバーの工夫と行動を集中させることができたのです。

その結果、業績は一気に上昇基調になり、チームの一体感も高まったといいます。

もし仮に、会社から数多くのKPIを求められていたとしても、それのどれに注力するのかを決めるのもリーダーの仕事と割り切って、**「今、やるべきこと」に絞る方法を考えてみてください。**

水圧を一点集中させれば、鉄板でさえも穴をあけることができるように、厳しい目標であっても、皆で一点突破で乗り越えやすくなるでしょう。

メンバーのやるべきことを絞っているか？

NG

「アレもコレも」とやることを増やす

指標をいたずらに増やしてしまうと、チームが疲弊してしまい、結果として必ずやらなければならないことさえも、おろそかになってしまいます。

OK

「目標達成に影響しないこと」は見切ってやらない

会社からさまざまな行動基準を求められても、それらをすべて採用せず、やるべきことを絞るのもリーダーの役割です。

4 「偶然の達成」に浮かれない

その達成は「偶然」なのか「必然」なのか？

リーダーは、たとえ目標達成しても、喜んでばかりではいけません。

「この達成は、〝偶然〟なのか、〝必然〟なのか」と、毎回検証しなければなりません。

「**偶然の達成**」とは、一生懸命やっていたら、結果的に目標達成できたというもの。

「**必然の達成**」とは、一生懸命やるだけでなく、目標達成の最短ルートとなる「**勝ち筋**」を見出しながら達成にたどり着くもの。そのために適宜、軌道修正をかけ、勝ち筋に近づいていこうとしていきます。

この違いは「再現性」に影響します。

偶然の達成は、再現性が低いものです。今回はいいけど、次回はわからない、となるわけです。メンバーが入れ変わったら、とたんに達成できなくなるということは、まさにそのメンバーの属人的な能力に依存した、偶然の達成だったといえます。

一方、必然の達成は、再現性がありますので、そうはなりません。

メンバーが変わっても、問題なく達成できる、つまり**組織に「達成のプログラム」がインストールされているので、人が変わっても問題がないのです。**

では、どうすればそのような組織になれるのでしょうか。

■「ショートPDCA」をまわす

PDCAという言葉があります。Plan（計画）、Do（実行）、Check（検証）、Action（改善）を指す言葉ですが、これを短期間で回す習慣を組み込むのです。

定期的に「何をすれば、さらに良くなるのか？」と検証を繰り返しながら目標達成に近づいていくというもの。事業にもよりますが、できれば「毎日」行うことがベストです。その進め方を具体的に紹介しましょう。

【P：計画】
目標を細分化する（1週、1日単位など）

目標と見込みの差異を把握しておく（差異の大きさによって、打つ手が変わる）
目標達成に有効な「打ち手」をリストアップし、ベストなものを選ぶ
計画を組む（「いつまでに」「何を」「どれだけ」するのか）
〈例〉・今週の金曜までに
・対象となるリストの企業に連絡をし、オンラインを使って情報提供することとのアポイントをとる
・目標は、1人15社

【D：実行】
できない言い訳となる無駄を排除し、やるべきことに集中する
（「忙しくて、できませんでした」などの言い訳をないようにする）
〈例〉・今週は、定例の会議をいったん中断
・その分、オンラインでの営業活動にあててほしい
・資料作成も内勤に依頼してOK
・資料作成をしない分、オンライン商談に注力を！

【C：検証】

毎日、毎週の〝短いサイクル〟で目標と結果の差異を検証する

Ａ：進捗状況（やると決めたことの結果）

Ｂ：要因の検証（うまくいかなかった要因、うまくいった要因）

〔例〕・今日のオンライン商談数の目標はチームで20件

・しかし、結果は15件。今日は5件の不足

・明日のために、うまくいかなかった要因の確認

・一方で、○○さんは目標を達成している。その要因を共有

【A：改善】

検証をもとに、毎日改善していく

Ａ：より良い方法を選択する（失敗要因に対するアプローチ）

Ｂ：良い方法を磨き上げる（成功要因に対するアプローチ）

〔例〕・うまくいった要因や、うまくいかなかった要因を分析して、明日に向けた改善策を決める

ここで挙げたＰＤＣＡサイクルの中でできていない点があれば、ぜひ、実施してみてください。もちろん、チーム内でのこのような検証作業は、オンラインを使ったミーティングでも十分に対応できます。

このように、ショートＰＤＣＡを回すことが、チーム全体の目標達成力を高めるのです。

目先の結果に一喜一憂していないだろうか？

NG

「結果」だけに一喜一憂する

たとえ結果が良かったとしても、それが偶然のものであれば、再現性が低く、一過性のものになってしまいます。

OK

「再現性」にこだわる

「ショートPDCA」を通じて目標達成への「勝ち筋」を見出すことで、再現性のある手法をチーム内で共有することができます。

5 「メンバーのスキルが低い」ことを言い訳にしない

■強い組織は「しくみ」で結果を出す

「うちの部下はスキルが低いので、いつも目標達成できない」――このような悩みをさまざまなリーダーから聞きます。

でも、**部下の能力がどんなに低くても「達成できる方法」を打ち立てるのがリーダーの仕事**だと考えてください。ここで大事なのは、「絶対に部下の能力のせいにしないこと」です。

もし、部下の能力が低いとあなたが感じているのであれば、あなたの仕事は、「その弱いリソースで戦うゲームなのだ」と考えましょう。

「新人ばかり」「異動してきて不慣れなメンバーばかり」などという状況もあるでしょう。それでも、リーダーは目標を達成できるようにしなければなりません。

何をすれば確実に結果を出せるのか、つまり「勝ち筋」を明確にしたうえで、誰もができる「手順」に整理することが求められるのです。

この手順づくりのことを「**型化**《かたか》」といいます。

■技術を上げる前に「手順」を用意する

ハイパフォーマーの手順を誰もができる手順にすること、それが「型化」です。型化のアウトプットとして、「マニュアル」「虎の巻」「ガイドライン」といったものが、できあがります。型化のステップは次のようになります。

Step 1 《調査》成果を出し続ける人（ハイパフォーマー）と、なかなか成果を出せない人（ローパフォーマー）の特徴を確認

・あなたのチームのハイパフォーマー、ローパフォーマーの観察、インタビューを行う（「いつ」「何を」「どのように」に加えて、「なぜ」それをするのかも確認）

Step 2 《仮説》「成果を出す鍵」を見つける

・ハイパフォーマーの行動をプロセスで整理（ローパフォーマーとの違いを確認）

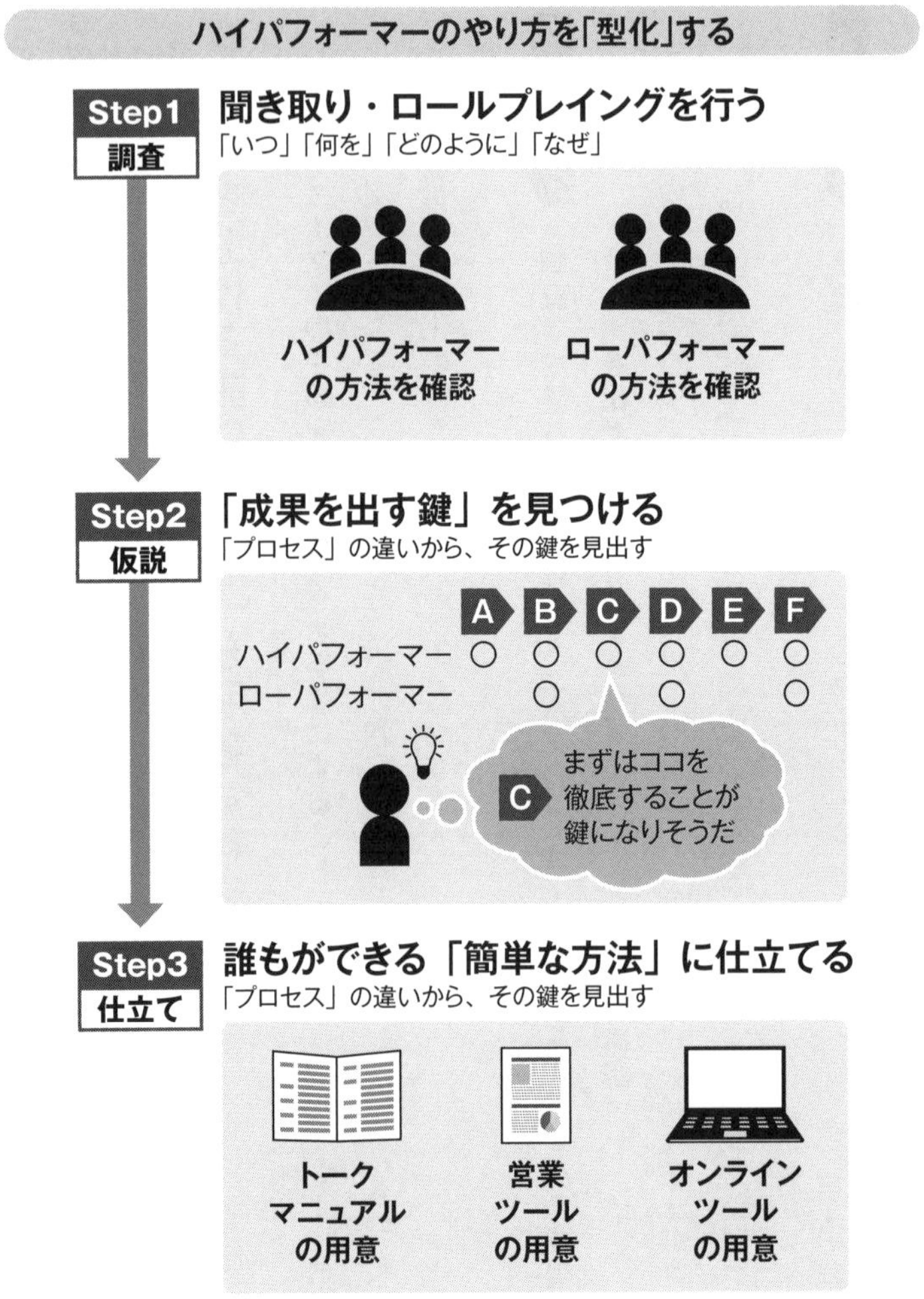
ハイパフォーマーのやり方を「型化」する
Step1
調査
聞き取り・ロールプレイングを行う
「いつ」「何を」「どのように」「なぜ」
ハイパフォーマーの方法を確認
ローパフォーマーの方法を確認
Step2
仮説
「成果を出す鍵」を見つける
「プロセス」の違いから、その鍵を見出す
A B C D E F
ハイパフォーマー ○ ○ ○ ○ ○ ○
ローパフォーマー ○ ○ ○
C まずはココを徹底することが鍵になりそうだ
Step3
仕立て
誰もができる「簡単な方法」に仕立てる
「プロセス」の違いから、その鍵を見出す
トークマニュアルの用意
営業ツールの用意
オンラインツールの用意

・どのプロセスが、「成果を出す鍵」になっているのかを確認

Step 3《仕立て》誰もが成果を出せる「簡単な方法」に仕立てる

・その「成果を出す鍵」をローパフォーマーでもできるように仕立てる
（ツールを用いる、簡単な方法に変える、など）
・そのうえで、マニュアルなどに「文書化」する
（「どのタイミングで」「何を」「どのように」「なぜ」それをするのか）

「しくみ」で個々人の能力を補う

このようにしておけば、**メンバーのスキル、または指導者のスキルが多少は低くても、「しくみ」が目標達成力を担保してくれます。**仮にあなたやメンバーが異動になっても、「しくみ」が存在していれば、達成力は大きくは変わらないはずです。何も、指導者であるあなたが、部下に求めるスキルをマスターしている必要はないのです。大切なのは、チーム全体として十分な成果を出し、目標達成を確実なものにすることなのです。

なお、このプロセスを行っているとき、「成果を出す鍵」を見出すことが難しい場

面があります。

私は、営業の「型化」をするプロですから、こういう場面に遭遇すると、「そこじゃないのに……」と一瞬でわかります。これは料理人が料理を観察するようなもので、「そこは塩ではなく、むしろ醤油！」といったようなもの。もし、予算がとれるなら、外部のプロの力を借りるのも一考でしょう。

もちろん、「型」は、常にバージョンアップさせなければなりません。情勢も変わりますし、良い方法がほかにもあるはずだからです。

「型化」は、まさに行動と発想の再現性を高める代表的な方法です。ぜひ、やってみてください。あなたのチームの「底上げ」が、確実にできることでしょう。

メンバーの未熟さを言い訳にしていないか？

NG

達成できないのを「スキルのせい」にする

メンバー個々人の能力不足のせいにしていては、目標達成への「勝ち筋」を見出すことが困難になります。

OK

達成できないのを「しくみのせい」ととらえる

このようにとらえるリーダーは、新しい「しくみ」をつくり出すことで、チーム全体の成果を上げることができます。

6 「やさしく」しても「甘く」はしない

■甘く接すると、目標達成が遠のく

「こんなことをさせたら、辞めてしまう」と思ってしまい、部下にさせるべきことが反故《ほご》にされているケースは少なくありません。

しかし、このように部下に甘く対応すると、おおげさではなく、その後に上司も部下も地獄のスパイラルが待っています。部下の目標を達成させるためには、**甘さと優しさをはき違えてはいけないということ**です。

例えば、営業活動において、1日50件の電話をかけなければ達成しない目標があるとしましょう。でも、30件しか電話をかけていない状況が続いていて、上司は、これ以上の架電を部下に求めると辞めるかもしれないので、黙認している、という状態であったとしましょう。

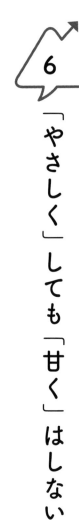

これこそが、「甘さ」です。

「甘さ」とは、一時しのぎの対処であり、長い目で見ると、事態を悪化させるもの。

言いすぎかもしれませんが、この「甘さ」は部下に対して不誠実ですし、会社に対しては「背任」ともいえるかもしれません。

甘くすると、かえって目標達成の難易度が高まってしまうことは自明でしょう。

さらには、メンバーの自信喪失、職場への不信が生まれます。部下を辞めさせないように「甘く」接したものの、かえって離職のリスクを高めてしまうことになるのです。

一方、「やさしさ」は、甘さとは異なります。

部下に示した手法がストレスフルなものであれば、ほかの「勝ち筋」を考え出す必要がありますし、場合によっては、ストレスフルな仕事であっても、楽しくできる方法を考える必要があります。それが「やさしさ」です。

「やさしさ」とは、一時しのぎではなく、相手のことを思い、長い目でみると状況を良くするもの、と考えるとわかりやすくなります。

■厳しく要望するだけでなく、「副作用への対策」も考える

何かを「強化」しようとすると、必ず副作用が出ます。そのため、対処しておくべきは、副作用への対応です。

部下に対して厳しい要望をすると、中には「自分には無理」と早々にあきらめる人もいるでしょう。そんな「副作用への対応」も考えねばならないのです。

この場合、**厳しい目標にどう立ち向かえばいいか、「一緒に作戦を考え、やることを絞る」機会を設けるのが効果的です。** 具体的には、1対1の面談（「1on1《ワンオンワン》」といいます）を行います。オンラインでもリアルでも、15分程度で、「やるべきこと」「制約条件の確認」「難易度の確認」「講じるべきサポート体制」を決めます。

部下を一人にせず、厳しい目標に対して、積極的にサポートする、それがやさしさです。うやむやにせず、しっかりと関与する姿勢は部下からも信頼されるはずです。また、上司があきらめない姿勢を見せることで、部下の成長を促すこともできるでしょう。

「甘さ」と「やさしさ」の違いを意識しているか？

NG

部下のために自分からの「要望」を甘くする

部下のためを思って自分からの要望を甘くしてしまうと、結果的に目標達成ができず、部下からの信頼も得られません。

OK

要望は変えず「打開策」を一緒に考える

要望に対してどう向かっていけばいいのかをリーダーが部下とともに考え、打開策を見つけることが、チーム全体の成長につながります。

7 「残業する」ことを前提としない

時代の変化に鋭敏になる

今なお、残業が当たり前のように行われる職場も少なくありませんが、時代は変わりました。残業を前提とするマネジメントは、やめましょう。**いくら目標が厳しいからといって、残業を前提とするのは、完全に時代とミスマッチです。**

現在の職場においては、育児や介護などで忙しい社員もいることを考慮してマネジメントをしなければなりません。また、キャリアアップのための学校に通いたいけど、会社の仕事を優先して、通うのを我慢している人もいるかもしれません。

だからこそ、**残業を前提としたマネジメントは、人によっては、もはやパワハラに等しい**わけです。この感覚を持てるかどうかは、これからの時代のリーダーとしてやっていけるかどうかを決める試金石であると心得ておきましょう。

私も、遅くまで働くことを前提とした仕事はしていません。

かつては、会社で残業をしていたこともありました。しかし、管理職になったとき、合理的に考えぬいた結果、残業はデメリットばかりであるという結論に達し、無駄な会議をなくし、18時以降の打合せもなくしました。部下の残業を「申請制」にもしました。

メリハリをつけて仕事に臨む

その代わりに重要になるのはメリハリです。「今日は、18時までに500万円の売上をつくろう」と決め、その目標に向けて全力で走ります。そのほうが、短時間で業績を出せると確信していたからです。

先日、当時のメンバーと会話をしたとき、彼もこう言ってくれました。

「伊庭さん、リーダーなのに、誰よりも早く帰っていましたよね。最初は『何でリーダーが？』と思ったけど、おかげでチームのメンバーも早く帰るようになりましたし、結果としてチームの業績も良くなりましたよね」と。

嬉しい言葉ですが、完璧なリーダーでなかったことは、私自身がいちばん自覚しています。

昔話は良い思い出になりやすいもの。

私は、時間や効率に関しては、少し厳しすぎるところもあったと思います。でも、どう考えても、今日の目標の達成が困難ならさっさと切り上げて、明日、確実に取り返したほうが、断然メリハリがついて成果も上がります。

だからといって、残業を「禁止」していたわけではありません。

本当に忙しい時期は、残業が必要なこともあります。

大切なのは、**残業を前提としたマネジメント、オペレーションをしない**、ということです。

ぜひ、あなたのチームにも、残業を前提としないマネジメントを取り入れてみてください。心身の健康も保てますし、生活の質も良くなります。

職場にその風潮がないなら、あなたからやってみてください。新しい風があなたのチームから吹くことでしょう。それが、「今の時代」の流れです。

残業が慢性化していないだろうか？

NG

「多少の残業は仕方がない」と考える

個々の社員の働き方が多様化している今、忙しいからと社員に残業を求めるのは、マネジメントとして適切ではありません。

OK

「終了時間を決める」ことで日中の集中力を最大化する

仕事にメリハリとつけさせたいのであれば、今日の目標が未達成であっても明日に回し、集中して確実に取り返すほうが効率的です。

8 スタートの勢いで「達成」を演出する

科学的に証明されている「始め良ければ終わり良し」

「良いスタートダッシュ」を切れれば、チームの目標達成への道は飛躍的に近くなります。

「不況時に就職すると、生涯賃金が下がり、好況期に就職すると、生涯賃金が上がる」――これは、『Ｗｈｅｎ――完璧なタイミングを科学する』（ダニエル・ピンク著、講談社）に書かれている内容です。

この本では、スタンフォード大学のＭＢＡ取得者に対する調査結果が紹介されています。具体的には、生涯年収にして１５０万ドルから５００万ドル（日本円で1億6000万円から5億円）、好況期に就職した人のほうが高いというものです。生涯年収の差は就職する会社が異なることが原因と記されているのですが、私は、それ以上に着目すべきは、**「最初の経験が、その人の相場になる」**ことだと考えています。

実は、この本では、次のような調査結果も記されています。

1970年代のアメリカで、低所得地域で生まれた乳児が健康や学習の面において問題をきたす傾向があり、国家プロジェクトとして社会支援が必要であった、と。

本には書かれていませんが、おそらく、その低所得地域に住む当事者たちは、「そこまで、自分達は悲惨だと思っていない」と感じていたのではないでしょうか。

私が育った家も貧乏ではなかったとは思いますが、小学生の頃は家にクーラーはありませんでしたし、自動車もありませんでした。皮のランドセルではなく、ビニール製のリュックのようなものでした。

海水浴もほとんど行ったことがなく、淡水湖である琵琶湖に「海水浴に行く」と近所の人に自慢していたことを思い出します。いわゆる典型的な庶民です。

でも、幸せでしたし、それ以上に裕福になる必要もないと思っていました。

別にここで、生まれた環境によって、その人の人生が変わる、と言いたいわけではありません。ただ、**最初の経験は、その人にとっての「当たり前」の前提となる傾向が強い**、ということなのです。

最初の目標を達成する効果

目標達成も一緒です。3カ月(クォーター)の目標だとしましょう。**最初の1週間もしくは2週間の、スタート時の目標をまずは決めるようにしてみてください。そのうえで、「スタート時の目標」を達成するようにマネジメントするのです。**達成できればそれが「当たり前」になり、勝ち癖をつけることができます。スタート時の目標は、多少「低め」でもOKです。大事なことは「必ず達成」すること。

この「スタート時の目標」を達成しておくと、その後も「達成しないと気持ちが悪くなる(居心地が悪い)」という心理効果が生まれるのです。

私の上司に、50クォーター(四半期)、つまり12年にわたって目標を達成し続けた営業マネジャーがいたのですが、彼がいつも言っていたのが、「最初の1週目は、絶対に達成できる目標を設定し、必ず達成しなさい」というものでした。

目標達成への道のりは、まず「ハッピーなスタート」で始められるようにしましょう。

「**達成することが、当たり前になる**」——それも大事な仕掛けの一つです。

スタートダッシュで勢いをつけようとしているか？

NG

スタートを意識しないまま勝負する

肝心なスタートを無策のままで始めてしまうと、目標達成への勢いがつけられません。

OK

スタートで、メンバーに「勝ち癖」をつけさせる

スタート時こそ、確実に達成できる目標を設定しておきましょう。それによってチームに勢いをつけることができます。

9 「中だるみする」ことを前提に行動する

人のモチベーションは「U字」を描く

目標途中での「中だるみ」は、どうすれば防ぐことができるのでしょうか。

「あの人はモチベーションが高い人だから大丈夫」と考える事は禁物です。というのも、**モチベーションは時間とともに変化することがわかっている**からです。

スタートしてから、すぐに落ちていき、そしてゴールが近づくにつれ上昇する。そんなU字曲線を描くことが実証されています。

前述の『Ｗｈｅｎ――完璧なタイミングを科学する』でも、次のような実験結果が記されています。

ユダヤ教では、8日間にわたって毎日、ろうそくの火を燭台《しょくだい》に灯す儀式（ハヌカ）があるのですが、200人のユダヤ教徒を調査した結果、8日間すべての日に燭台に火を灯す人はほとんどいないことがわかったというのです。頑張るのは最初と最後だけ。途中の日では、火を灯すモチベーションが下がるというのです。

この本では、ハヌカの儀式だけでなく、紙をハサミで切り続けるといった実験結果も紹介されていますが、仕事全般に対しても、同じことがいえるでしょう。

目標を掲げてからすぐと、締め日の直前はがむしゃらに働くものの、その間は気を抜いてしまう――そんな働き方をしている人は多いのではないでしょうか。

中間地点で振り返りの機会を設ける

特にリモートワークだと、一人ひとりのセルフマネジメント力に依存せざるを得ません。だからこそ、注意が必要なのです。

モチベーションの「中だるみ」を防ぐために、目標を追いかける期間の中間地点で「中間ミーティング」の機会を持ってください。そうすることで、中間地点で新しいスタートを切ることになり、モチベーションを引き上げる効果があるからです。

特に、達成トレンドから「遅れ」が出ている場合、この中間ミーティングが極めて重要になります。「遅れているけど、まだ挽回できること」を確認してもらい、今が勝負どころであることを皆に自覚してもらうのです。

実際、私の経験では中間地点で10％前後の遅れなら、十分に挽回できます。

中間ミーティングの「再スタート効果」

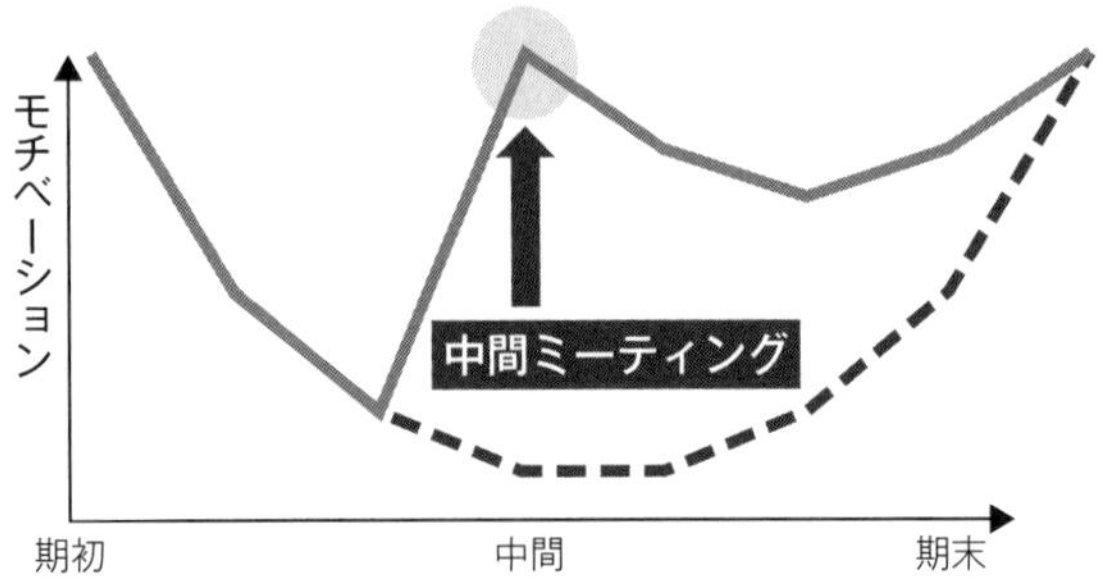

でも、各メンバーは本当に目標達成ができるかどうか、疑心暗鬼になっているものです。

ぜひ、ここで、「後半に向けて何をすべき」なのかを具体的に決めてください。

例えば、「予算を増やしてもらうべく、担当者ではなく、経営者にアプローチをする」「ほかのニーズを探るべく、オンラインミーティングの機会をもらう」「当社で実際に行ったコスト削減策、売上向上策を提案することで商機をつくる」など、挽回策を考えます。

それだけで、期末に向けての新たなスタートを切ることができます。

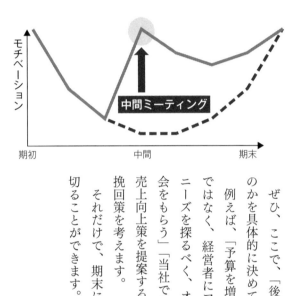

「中盤のモチベーション低下」に対して、何をする？

NG

「仕事にモチベーションは関係ない」と決め込む

目標に向かって頑張っていても、中だるみは起きるものです。この状態をそのままにしていては、目標達成が遠のきます。

OK

「モチベーションは下がるもの」と考え、中間ミーティングの機会を持つ

中だるみを防ぐために、「中間ミーティング」の機会を設けることは特に効果的です。たとえ達成が遅れていても、後半に向けて挽回策を練ることができます。

☑ Check 部下を目標達成に導くためのチェックリスト

□ 目標達成に向けて部下が動いているプロセスをきちんと把握しているか？

□ 上司や先輩の力を利用してでも目標達成しようとする意識を部下に持たせているか？

□ 部下のやるべきことをむやみに増やしていないか？

□ 部下の「スキル」に依存するのではなく、達成する「しくみ」を構築しようとしているか？

□ 部下が苦しんでいても、甘く対応せず、ともに打開策を見出そうとしているか？

□ 目標への道のりの序盤で、「勝ち癖」をつけさせ、いいスタートを切れるようにしているか？

第4章

リーダー自身の個人目標を絶対に達成させる方法

チームを率いながら自身の仕事もこなすのが、プレイングリーダーです。このような立場だからこそ押さえておきたい、自身の個人目標の達成手法について、解説します。

1 メンバーから「厳しい眼」で見られていることを忘れない

■「チームの目標が達成すればいい」では不十分

リーダーは、部下の目標管理だけをしていればいいという時代は、過去のものとなりました。今は、自身も前線に立って個人目標を追いかけつつ、チームの目標達成も考えなければならないケースが大半です。

プレイングリーダーは、「リーダー個人に課せられた目標」は必ず達成すると自分自身に誓いましょう。チーム全体の目標が達成していたら、自分自身の個人目標は未達成になってもいい、と考えるリーダーもいますが、絶対にNGです。

たしかにチームの目標を達成していたら、会社としては成果を出したのだから問題はないかもしれませんが、メンバーはそうは見てくれません。

「リーダーなのに足を引っ張っている人」と映ってしまうわけです。

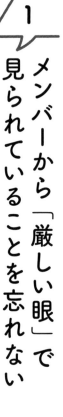

チームの目標を達成しているのは、部下たちがリーダーの不足分をカバーしたためであるわけで、言い換えると、「リーダーの借金を部下が立て替えている」ということです。こうした構図には、メンバーは敏感です。必死で頑張ったメンバーからすると、決して面白いものではありません。

それだけでなく、リーダーは「目標達成をあきらめてはダメ」とメンバーに常日頃から伝えているはずです。「口で言うだけの人」とレッテルを貼られてしまいかねず、メンバーからも信頼されなくなります。そうなったら、リーダーは終わりです。

たとえチームとしてはすでに目標を達成していたとしても、最後まで個人目標をあきらめない姿勢を見せることは、そのチームでリーダーとしてやっていくためには極めて重要なのです。

メンバーが見ているのは「あなたの結果」だけではない

それでも、結果的に、目標を達成できないということもあるでしょう。

実は、それでもいいのです。最後まで走りぬいた姿勢を見てメンバーは、「リーダーも本気なのだ」と感じるからです。

ある営業会社のプレイングリーダーは、自分の目標を達成できない状態に陥っていたとき、「5件のアポイントをとるまで、椅子に座らない」と言い、立ったまま電話をかけ始め、自らを追い込みました。

ほかのメンバーは最初は笑っていましたが、途中から場の空気は一変。何時間も座らず、立ちながら一生懸命に電話をしている姿を見て、メンバーから声援があがり始めたのです。「がんばってください」「もうちょっとです！」と。

5件のアポイントをとったとき、メンバーからは拍手が起こりました。

メンバーから見られているのは、結果ではなく、「自身の個人目標をいい加減に扱わない」という姿勢なのです。

チームの目標さえ達成できればいい？

OK

リーダー自身が「個人目標」への執念を見せる

たとえ達成できなくても、部下に示しをつけるため、リーダー自身が個人目標への執念を失わないようにしましょう。

NG

リーダー自身の「個人目標」は未達成でも構わないと思っている

リーダー自身が個人目標への執念を見せないと、それを部下に見透かされ、信頼を得られなくなります。

2 忙しいからこそ「やらないこと」を決める

■「選択と集中」を徹底する

あくまで、リーダーの本業はチームの「マネジメント」です。自身の「プレイング」ではありません。プレイングに走るほどに、チームのコンディションは悪くなります。でも、リーダー自身の個人目標にも執着をすることは不可欠だと、前の節で言いました。では、どうすればいいのでしょうか？

結論から言えば、リーダーは「選択と集中」を徹底する必要があります。

リーダーは、「やること」と「やらないこと」を明確にしなければ、とても務まりません。すべてをやろうとすると、プレイングに時間を取られてしまい、マネジメント業務がおろそかになってしまうからです。

3章では、部下に「それはやらなくていい」と言ってあげることが大切（100ページ）だと述べましたが、リーダーはそれをさらに追求しなくてはならないのです。ここで

「やる」「やらない」をRFM分析で決める方法

Step1 ランクづけをする

ランク	Recency 最近の購入日	Frequency 購入頻度	Monetary 購入金額
5	1カ月以内	10回超	100万円以上
4	3カ月以内	9～10回	50万円以上
3	6カ月以内	7～8回	25万円以上
2	12カ月以内	3～6回	5万円以上
1	12カ月以上	1～2回	5万円未満

Step2 「やる」「やらない」を決める

ランク	経営者にも会う	商談 ・訪問 ・オンライン	状況確認 ・電話 ・メール
5	○	○　週1回	○
4	○	○　月1回	○
3	—	○　3カ月ごと	○
2	—	—	○
1	—	—	○

選択と集中を行い、
効率を高める！

は、リーダーが「選択と集中」を徹底するための、2つの方法を紹介します。

■RFM分析で優先順位を決める

1つ目は、「**RFM分析**」（前ページ図）です。

もし、あなたが営業職なら、「対象とする顧客」の力の入れ方に強弱をつけざるを得ません。「RFM分析」とは、Recency（最近の購入日）、Frequency（購入頻度）、Monetary（購入金額ボリューム）の3つの指標で顧客をランクづけし、注力すべき顧客を絞ることです。ランキングが高い顧客を優先して対応することで、営業の実績をキープしたまま、マネジメントの仕事にも時間をつくれます。

■競合他社の状況がわかればウォレットシェアで分析する

2つ目は、「**ウォレットシェア**」で優先順位をつける方法です。ウォレットシェアとは、ある商品等についての顧客の予算（お財布＝ウォレット）が、どのような割合（シェア）で自社や他社に使われているのかを表す指標です。

もし、競合に流れている商機が大きい顧客がいたら、そこに注力しない手はありません。RFM分析以上に、結果に直結する攻めの「優先順位」をつけられます。

「ウォレットシェア」で優先順位を決める

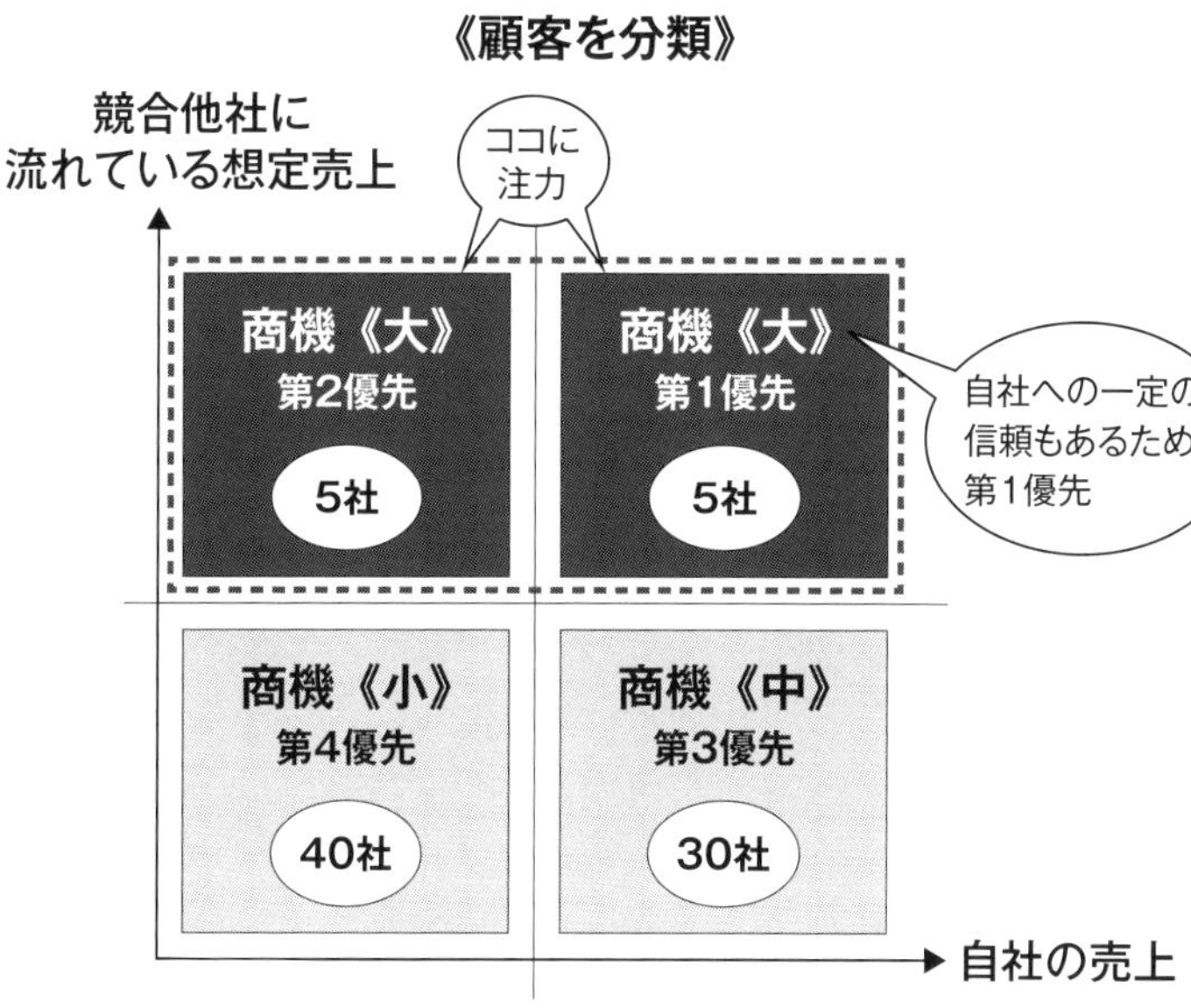

ここで鍵となるのは、「競合他社」の取引額がわかること。競合他社の利用状況をチェックできる業種であれば、仮説でも良いので競合他社の取引額を算出してみてください。わからない場合は、教えてもらえる範囲で顧客に聞いてみましょう。こうすることで、前ページの図のように優先順位をつけることができるようになります。

このように、すべてに全力を出すのではなく、一点集中で対処することが求められるのです。まずは、対象とすべき顧客、業務を選定することからスタートしてみてください。

「選択と集中」はできているか？

OK

基本思考が
「もっと、やめないといけない」

リーダーのメインの仕事はチームのマネジメント業務です。それ以外の自分の仕事は、本当にやるべきことだけに絞りましょう。

NG

基本思考が
「もっと、やらないといけない」

リーダーが自分の仕事をなんでもこなそうとすると、肝心のマネジメント業務がおろそかになってしまいます。

3 「自分のキャパ」を過信しない

■自分が得意なことでも、どんどん任せる

もし、あなたが「自分は仕事のできるプレイングリーダー」だと思っているのなら、気をつけなければならないことがあります。**得意なことでも、決して自分でやってしまわないことです。**

リーダーになったばかりの方や、その業務に精通している方は、ついついその業務を自分だけでやってしまいます。これが、メンバーと対話する大切な時間を奪ってしまうわけです。

ここでは、メディアの記事を書くライティング業務の例で説明しましょう。

もし、あなたがライターとして経験を積んできたのであれば、部下がやるより、あなたがやったほうが早いですし、品質の良い記事が書けるはずです。

それでも、自分がやらない、という選択ができるかが重要なポイントです。

自分が得意なことにおいても、自分以外のリソース（人やもの）を使おうとするのも、成果を出すための重要な鍵になるのです。

例えば、『億を稼ぐ積み上げ力』（KADOKAWA）の著者でもあり、トップブロガーかつビジネス系のユーチューバーとして注目されるマナブ氏は、年間3億円の収入を得ているスキームをユーチューブで公開しています。一人でやっているようでありながら、決して一人でやっているわけではなく、パートナーとうまく連携されているというのです。

何でも一人で頑張ろうとするのではなく、ブログのリライトはAさんに、動画編集はBさんに、といったように、オンラインを通じてアウトソーシングをしながら進めているといいます。

いくら得意なことでも、自分のキャパシティには限界があると考え、ほかの人に任せようとすることは、忙しくても結果を出す人がやっている、絶対的なセオリーなのです。

完璧より「スピード」を狙え！

もしあなたが、自分の仕事を人に任せられないとしたら、実は完璧を目指しすぎているのかもしれません。いったん、あなたの仕事を任せた部下の仕事のクオリティーは70点でいいと考えてください。残りの30点は、あなたが部下と一緒に、より良いものになるように修正すればいいのです。

もちろん業種にもよりますが、**多くの場合は、仕事はスピードが何よりも大事です。**

私は、これを「病院に運ばれる患者」に例えられるようにも思います。急患で運ばれてくる患者がいたら、一刻も早く処置をしないと命にかかわります。あなたが名医だったとしても、命は待ってくれません。

あなたが執刀したほうが、縫い合わせの縫合がきれいだとしても、廊下に何人もの患者さんを待たせるわけにはいかないのです。優先順位を考えて、ほかの先生にも、患者への対応をどんどん任せねばならないわけです。

きっと、あなたが今している仕事は、とても大事なもので、尊いものでしょう。だからこそ、手放せないのではないでしょうか。でも、時間は待ってくれません。目標を達成させるためにも、部下に任せても大丈夫なら、どんどんそうしましょう。

人に任せることができているか？

NG

得意だから、つい自分でやってしまう

チーム全体のパフォーマンスを上げるためには、自分の得意なことでも、部下にどんどん振っていくことが求められます。

OK

自分が得意でも、あえて任せる

仕事はスピードが何よりも大切です。自分の仕事を部下にどんどん振っていくことで、より大きな成果を出すことができます。

4 コツコツではなく「一網打尽」を狙う

■究極の「投資対効果」とは？

コツコツと仕事をこなしていくことはとても大事です。

しかしリーダーは、ときとしてその「コツコツ」を否定しなければなりません。

個人目標を持つリーダーが、常に考えるべきことがあります。**最小の労力で「一網打尽」にする方法**を模索することです。例えば、100個のネジを締める仕事があったら、あなたならどう改善しようとしますか。

× 練習をして、ネジを締める技術を高める（これでは遅いな……）

△ 100個のネジを一度に締める機械を開発する（一気に仕事が進む！）

○ ネジを不要にする方法を開発する（仕事自体が不要になる！）

このような大胆な思考回路を持たなければ、短時間で成果を出すことは難しいでしょう。

私の知っているあるＩＴ企業の凄腕のリーダーの発想を紹介しましょう。ＩＴシステムを販売する彼は、一件ごとに電話をして顧客を開拓する方法では、効率が悪いと考えました。担当者とアポイントをとっても決裁権がないので、商談が進まないのです。

そこで彼が考えたのは、決裁権のある事業責任者を対象とした「セミナーセリング」でした。**数百人の事業責任者をセミナーに一度に呼び込むことができれば、こちらから営業をかけなくても、最小の労力で「一網打尽」にできる**と考えたのです。

具体的な内容は、次のようなものでした。

第一部は、誰もが知る名経営者の特別講演（人寄せ効果を狙ったもの）。そして第二部で新商品について語るという構成にしたのです。

なんと1週間で、２００人の事業責任者クラスの方の予約が埋まったといいます。こうして、営業をしなくても、キーマンの名刺を２００枚集め、パイプをつくったのです。このセミナーの運営と広報の費用が合計２００万円だとしても、名刺獲得コストは1人1万円。彼らの商品の契約単価が数百万円であることを考えると、投資対効果で考えれば十分回収できる金額でしょう。

より一気に目標に近づく方法を考える

同じような経験は私にもあります。求人広告のチームのプレイングリーダーをしていたときのことです。

求人広告が必要か、一件一件に営業の電話をかけるよりも、商工会議所や業界団体などにうまくアプローチできれば、一気に関連企業に営業をかけることができると考えました。そこで、パチンコの遊戯協会にアプローチをかけ、運よくそこの会長と知り合うことができ、傘下の企業に営業をする許可をもらいました。結果として、その地域の86％のパチンコ企業と契約をすることができました。

担当者ではなく、決裁者へ。決裁者より、団体へ。団体がなければ、セミナーセリングを活用して……。

そんなイメージです。「一網打尽」を狙うための、あらゆる方法を考え尽くしてみましょう。コツコツと頑張るだけでは、リーダーとしては不十分なのです。

まずは、今の業務を振り返って、**一気に目標に近づくことができそうな手法を3つ以上考えてみてください**。そうすれば、目標達成は飛躍的にラクになります。

時間と手間を省く手法を考えているか？

NG

コツコツやることが大事だと信じ、やり方を変えない

地道なアプローチはもちろん大切ですが、一網打尽に成果を上げる手法を考えておくことも必要です。

OK

あえて「コツコツ」を否定する方法を考えてみる

今までのやり方から視点を少し変えてみると、飛躍的に成果を上げる方法を思いつく可能性が生まれます。

5

社内や社外に「ネットワーク」を持つ

■「ネットワーク」という考え方

社内や社外に「ネットワーク」を持つことで、リーダーであるあなたの成果も飛躍的に上がります。

ネットワークとは、公式の組織ではなく、人的な結びつきのことです。お互いの仕事の解決法を教えあったり、新たな顧客を紹介しあったり、そんな「お互い様」で結びついている関係です。

例えば、保険会社のセールスには、税理士事務所とアライアンスを組み、税理士事務所の顧問先を紹介してもらう人が少なくありません。

また、ある介護施設の採用担当者は、「自社の魅力」を知ってもらう活動をすることでハローワークの職員の共感を得て、募集をかけなくても、ハローワークの職員からの紹介で人が採用できるネットワークをつくっています。

さらに、ある大手企業の企画職のマネジャーは、「1」を言えば「10」を理解してくれる優秀なコンサルタントが常に彼の脇を固めています。

ポイントは「人と会うとき」にあり

でも彼らは、どうしてネットワークをつくることができたのでしょう。

実は簡単。**人と会うときに「一緒に何かできないかな」と「裏目的」を持っている**からです。ほとんどの人は、人と会うときに「その用事」を済ませることだけを考えます。例えば特定の商品の商談なら、それを終えれば、あとは仕事以外につき合わないことが一般的です。

しかし、ネットワークを持つ彼らは、用事を済ませながら「何かあったときに組めそうな人」を探すといった裏目的を持っているのです。したがって、人と会ったときに「何ができる人」なのかを、さりげなく聞いています。そこで「○○について詳しいですね！」などと話が弾めば、関係する人脈を持っていることがわかったりするのです。

さて、あなたも忙しいのであれば、ネットワークをつくるためにも、人と会うとき「この人と組むと、何ができるかな」と想像してみることをおすすめします。

社内はもちろん、社外の人とも会う機会を増やし、会ったときに常に「あの人と組めないかな」と考えることで、いろいろな可能性が見えてくるでしょう。

ただし、このスキームを成功させるには、一つの条件があります。

「あなた自身の付加価値」を高めなければなりません。

時折、自分の力が不足しているのに、ネットワークをつくろうとする人がいますが、まずうまくいきません。相手のメリットにならないからです。

あなたとつき合うには、それなりの「合理的な理由」が必要となるわけです。

でも、あなたがその道のエキスパートなら十分です。あなたのネットワークが自然とつくられることでしょう。もし、エキスパートだという自信がないのであれば、長所を伸ばして、自身の付加価値を高めましょう。

自分のネットワークをつくろうとしているか？

OK

ネットワークを活用して生産性を高める方法を考える

お互いの仕事の情報交換などを気軽にできるネットワークを持っていれば、自分やチームの仕事の生産性アップにも貢献します。

NG

ネットワークをつくる発想がない

社内・社外のネットワークが弱いと、自分のキャパシティ以上の成果は決して出せません。

6 常に「実験」することを忘れない

プレイングリーダーだからこそのメリット

昭和のサラリーマンを描いた映画を見ると、その時代の管理職には威厳があり、デンと席に座り、ドンと稟議《りんぎ》の判子を押し続ける、そんな威風堂々とした佇まいが映っています。

今はそんなことは、まずありません。ほとんどの課長職がマネジメント業務に加えて個人業務を持つ時代。リーダーも自分の仕事をするのが当たり前です。

でも、こうなったのは、なぜだと思いますか。

環境の変化が激しくなったためです。だからこそリーダーは、**現場の変化を変革のチャンスととらえ、矢継ぎ早に「小さな実験」をすることが大切なのです。**

つまり、ただチームのメンバーと同じように、「個人の目標を追いかける」ことをしていてはダメだということ。リーダー自身が変化の兆しをとらえ、それに対応できるような施策に着手し続けなければならないのです。

小さな実験を迅速に行う

変化に乗り遅れないために、まずやるべきことは、変化の「兆し」をとらえること。ドラッカーの「**イノベーションの7つの機会**」は参考になります。

イノベーションの7つの機会とは、①予期せぬことの生起、②ギャップの存在、③ニーズの存在、④産業構造の変化、⑤人口構造の変化、⑥認識の変化、⑦新しい知識の出現を指します。

その中でも、次に挙げる3つの機会は、プレイングリーダーだからこそ、早く気づくことができ、改善の実験を行えるものです。ここでは、『結果を出すのに必要なまわりを巻き込む技術』（小林正典著、ポプラ社）に記されている、江崎グリコの商品開発のケースを取り上げてみましょう。

①予期せぬことの生起

・予期せぬことがあったとき、その理由を調べる
（例：缶ビールの販売量が増えていることを知る）

②ギャップの存在

・業績、プロセス、認識、価値観のギャップを見過ごさない

（外飲みから家飲みへのシフト、今やコンビニで気軽にお酒が買える）

③ニーズの存在

・「不（不安、不便、不満など）」にアンテナを張る

（でも、若者が求める〝おつまみ〟は売っていない↓おつまみ用のチーズ風味のスナック菓子「チーザ」の開発・成功へ）

このような大がかりな調査をせずとも、自分自身が「兆し」を感じた機会に、すぐに小さな実験をしてみることは可能です。**挑戦があってこそ、組織も個人も好業績を維持できるのです。**

日々、「変革」を起こそうと思っているか？

NG

「目標達成するかどうか」しか考えていない

目先の目標を達成しても、環境の変化の兆しを感じ取ることができなければ、リーダーとして時代に取り残されてしまいます。

OK

変化の兆しをとらえすぐに「実験」をする

現場の最前線で仕事をしていれば、変化の兆しをつかむことができるはずです。小さな実験を繰り返して、その変化に対応できるよう、常に挑戦していきましょう。

7 どんなに忙しくても「残業」する姿を見せない

■リーダーが残業することの副作用

第3章で、チームとして「残業することを前提にしない」（120ページ）と述べましたが、だからこそ、リーダー自身は、決して仕事で居残ってはいけません。

部下には、「残業を削減しよう」と言いながら、自分の数字が厳しくなると、とたんに残業し始めるリーダーがいますが、一貫性のない言動は必ず信頼を失います。

リーダーの残業には、さらに危険な副作用があります。リーダーの行動はすべてがメッセージとなるからです。**リーダーが残業する姿は、「数字が厳しいなら、残ってでもやれ」という、部下へのメッセージになってしまうのです。**

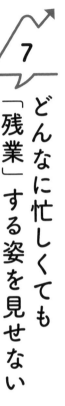

残業をせずに、翌朝に回す

でも、目標達成をあきらめるわけにはいかないですよね。そんなときこそ、**思い切って、翌朝に回してみてください**。あえて、その日はサクッと帰り、翌朝、誰よりも早く始動するのです。実際、生産性も高くなるので、こちらのほうが健全です。

今だから言えますが、私も業績が厳しいとき、残業をせずにサクっと帰りつつ、朝の6時半に出勤していた時期がありました。自宅は京都で勤務地は大阪の難波でしたので、だいたい1時間強の通勤時間。朝の5時過ぎの電車に乗るわけです。

それでも、朝の仕事はいいものです。夜とは比較にならないほど、集中できます。つくづく残業なんてするものではないと思いました。

しかしここで、次のように思われた人もいるでしょう。「それって、時間外勤務でしょ」と。そうです。タイムカードも正直に打刻します。

したがって、あくまで緊急事態の対応。

ここで言いたいのは、**メンバーに「夜に残業をしてはダメ」と言ったからには、自分自身も絶対に夜に残業しない姿勢を貫くことが大事**だということです。

リーダーは「見え方」も大事

メンバーは、リーダーの行動をよく見ているものです。

実は、私には「リーダーは見られている」ということをおろそかにした、失敗談があります。

ある時期、集中力を保つために、外で仕事をしていたことがありました。私の場合、外のほうが、集中できたからです。

あるとき、スキマ時間で3本の企画書を作成しなければならず、カフェの野外テラスで仕事をしていました。もちろんサボっているわけじゃなく、むしろ一心不乱に仕事をしていたのです。

そして、1時間で3本の企画書を仕上げ、事務所に戻ると、部下から「伊庭さん、ひどいじゃないですか。会社を抜け出してカフェでラテを飲んでいたそうじゃないですか」と言われたのです。

たしかにラテを飲んでいました……。**「見え方」もリーダーとしての大事な所作である**ことを実感した出来事です。

リーダー自身が残業をしてないか？

OK

「部下への見本」となるように率先して早く帰る

リーダーの行動は常に部下から見られています。部下を早く帰らせたいなら、自分も早く帰りましょう。

NG

「業績のために仕方がない」と残業をしてしまう

リーダ自身が残業をしている姿は、チームのほかのメンバーにも負の影響を及ぼします。

8 個人業務は「10倍速」で処理する

作業の「処理能力」を高めておく

私もそうでしたが、部下を持つと、自分の時間がなくなります。
レポートを書こうと思えば、部下から報告が入り、企画書を作成しようと思えば、上司から呼ばれる——そんなことを繰り返していると、どの仕事も不完全になってしまうと感じ、ストレスをためていたものです。

そうならないための防衛策は、業務処理のスピードを今までの基準では〝ありえないくらい〟に高めておくことです。私もその方法で切り抜けられました。

私が研修でも紹介している方法を、いくつか紹介しましょう。

スマホの音声入力を駆使する

忙しい立場であれば、メール処理に時間をかけてはいけません。**スマホの音声入力を使えば、あなたもすぐに今の10倍速でメールが処理できるようになります。**

1通のメールを書く時間は、平均6分（360秒）だといわれます。しかし私は、音声入力の方法を使うことで、1通30秒程度で済ませています。

スマホなどのキーボードのマイクマークを押して、どんな言葉でもいいので、話しかけてみてください。ほぼ、変換ミスがないことに驚くと思います。

iPhoneなら、「かいぎょう」とつぶやけば、改行もしてくれます。アプリはなんでもOK。私はメールの音声入力にはGメールを使うことが多いです。

これができると、会議の待ち時間、エレベーターの待ち時間、交差点の待ち時間など、ほんの数十秒のスキマ時間で、メールを送信できるようになります。

1日10通のメールを送っていたなら、それだけで1時間（6分×10回）も使っていることになりますが、それがなんと5分（30秒×10回）で済む計算です。

文章をイチからキーボードで入力しない

レポートや企画書などをパソコンで入力する際、「単語登録」「文章登録」の機能を徹底的に活用するだけで、驚愕のスピードで文字入力ができるようになります。

私は、タイピングが得意ではないのですが、約80文字を10秒で入力できます。タイピングが得意とされる、日本語ワープロ検定2級の人の10倍のスピードです。

もちろん、白状しますと、ズルい方法を使っています。練習は不要。あなたもちょっとした設定で、すぐにできます。

ウィンドウズの「単語登録」の機能を使うのです。ここに「おせ」と入力すれば、「お世話になっております。らしさラボの伊庭でございます。」と2文字を入力するだけで、長文に変換されるように、単語ではなく、いくつもの文章を登録しておくのです。

また、メールの場合も同様です。Gメールの場合は「返信定型文」を、アウトルックの場合は「クイックパーツ」と呼ばれる機能を使って、よく使う文章を登録しておくことができます。そうすれば、どんな長文のメールであっても、メール入力をなんと1秒以内で済ませられるようになります。

こうした機能を駆使すれば、業務処理のスピードは飛躍的にアップします。

個人業務の効率化を進めているか？

OK

素早く文字入力をするための「早ワザ」を取り入れる

文字入力の手間を省くため、音声入力や単語登録などの機能をフルに活用して、事務処理のスピードをアップさせましょう。

NG

メールなどの処理に時間をとられてしまう

メールを1日10件送るだけでも、約1時間の時間を浪費してしまいます。リーダーであればそのことを自覚しましょう。

9 「結論から」話すチームにする

■コンパクトに話せるようになれば時間が生まれる

部下からの報告がわかりにくく、イライラすることはありませんか。その場合、イライラしているのはあなただけでないと考えてください。特にオンラインミーティングでの要領を得ない発言はストレスの元凶です。聞けば聞くほど、かえってわからなくなる、そんな話し方をする人は少なくありません。「で、何が言いたいの？」と言い返したくなる瞬間です。

そんなときこそ、おすすめの方法があります。

報告・連絡・相談をしてもらうときは、「PREP法」でしてもらうようにすることです。 PREP法はビジネスのシーンでよく使われる文章構成で、簡潔にわかりやすく伝える話法です。**Point**（**結論**）、**Reason**（**理由**）、**Example**（**事例、具体例**）、**Point**（**結論を繰り返す**）、の順に話をすることで、いわゆる「できるビジネスパーソン」はPREP法で話をしている場合が多いです。

PREP法の具体的な構成

PREP法による会話は、実際には次のような感じになります。

上司「目標達成は大丈夫？」
部下「いえ、雲行きが変わってきました。このままでは、達成、未達成の確率は、半々くらいだと感じています。（**P＝結論**）
　というのも、急激な不景気のため、お客様の約8割が、買い控えをされているからです。（**R＝理由**）
　例えば、ABC商事様では、在庫を整理することが先とのことで、購買を一斉にストップされました。（**E＝事例、具体例**）
　なので達成の可能性が半々くらいになったと感じています（**P＝理由**）」
上司「そうか……。じゃ、今後は、どうしようと思っているの？」

すぐにはうまくいかないかもしれませんが、この順序を意識して話してもらうようにすることで、わかりやすい会話になります。もちろん、リーダーであるあなた自身も、ＰＲＥＰ法で話すことを意識しましょう。

■ＰＲＥＰ法で話す訓練の事例

では、どうすればいいのでしょうか。私の研修先の会社での事例を紹介します。その会社では、２カ月後には全員がＰＲＥＰ法で話せることを目標に、「ＰＲＥＰ」と記載した紙のカードを、各社員が常にぶら下げている「社員証」とともに、持ち歩いてもらうことにしたのです。

２カ月間は、自分が何かを説明するときには、そのカードを見ながら話してもよいというルールにしました。その結果、２カ月後には、全員がカードを見なくても、自然とＰＲＥＰ法で話せるようになったのです。

ＰＲＥＰ法は、話すときだけでなく、レポートなどの文章を書くときにも使えます。部下に意識してもらえれば、提出書類のチェックも手短かに済ませられることでしょう。

ぜひ、あなたのチームでも、ＰＲＥＰ法をルール化してみてください。

部下からの長い報告に、どう対応するか？

NG

長い報告を「仕方がない」と最後まで聞いてしまう

部下からの報告に時間をとられてしまっては、自身の業務も進捗しませんし、結果的に部下の時間も浪費してしまいます。

OK

PREP法で話す習慣を身につけてもらう

部下にPREP法で話す習慣を身につけてもらうことで、リーダーも部下も目標達成に向けて、時間を有意義に使うことができるようになります。

Check リーダーが自身の目標を達成するためのチェックリスト

□ 部下のマネジメント業務に時間をとられるあまり、自分の個人目標がおろそかになっていないか？

□ プレイングリーダーだからこそ、「選択と集中」で効率良く自分の仕事に取り組もうとしているか？

□ 自分の得意な仕事でも、どんどん部下に任せようとしているか？

□ 仕事でも使える、自分自身のネットワークを構築・拡大しようとしているか？

□ 目先の目標にとらわれず、環境の変化を感じ取り、新たな「実験」をしようとしているか？

□ 音声入力、定型文の活用などで、メールや報告書の作成の時間を節約しようとしているか？

第5章

一人ひとりが主体的になれるチームマネジメント

最後となるこの章では、メンバー自らが目標達成に向けて、主体的に取り組むチームづくりの手法について、一緒に考えていきましょう。

1 メンバー全員が「目標数字」をどんなときでも言えるようにする

■リーダーの一貫性が、部下を本気にさせる

リーダーシップは賢さに支えられるものではない。一貫性に支えられるものである。
『プロフェッショナルの条件』(P・F・ドラッカー著 ダイヤモンド社)

リーダーが目標達成への情熱を持ち続けてこそ、部下は本気になります。

部下を主体的に行動させたいのであれば、リーダー自身が目標にこだわり続けなくてはなりません。リーダーが、目標について言わなくなったら終わりです。そしてそのうえで、部下にも目標へのこだわりを求めるのです。

部下の目標へのこだわりを知るための、おすすめの方法を紹介しましょう。**〝不意打ち〟で、常に次の3つのことを尋ねるのです。**

質問① 部下自身の目標数字……………「ところで、目標はいくらだっけ？」
質問② 最終着地の見立て………………「最終的には、どこまでいける？」
質問③ 不足があるなら、対策の仕立て……「どんな対策を打つ？」

これらを、「しつこい」と思われるくらいに、ことあるごとに聞くのです。**リーダーはそのくらいの熱量で、各メンバーの目標にコミットしないといけない、ということ**です。部下は、リーダーの一貫性に触れてこそ、本気になります。

実際にやってみると、意外や意外、目標設定時はボルテージが高くても、不意打ちで尋ねると、自分の目標を忘れてしまっている部下は少なくないものです。

対話の中で、部下の意識を高めていく

何度尋ねても、きちんと意識させても、どうしても答えられない部下はいます。

このとき、責められるべきは部下ではなく、リーダー自身です。まだその部下には、目標に対するリーダーの熱量が伝わっていないのです。

そんな状況であればこそ、リーダーは、各メンバーの目標数字を、どんなときでも

言えるようにしておきましょう。記憶力に自信がなくても大丈夫。記憶力の悪い私が実践しているやり方を紹介します。

部下に声をかける前に、手帳を広げ、2つの数字を確認します。メンバー全員の「目標数字」と、「見えない残額」です。

上司「目標はいくらでしたっけ？」

部下「えっと、いくらだったかな……」

上司「たしか、2500万円のはず。今、自分で確認してみませんか」

部下「あっ、はい。2500万円です」

上司「そうですよね。ところで、今日の段階で、読めない数字はいくらですか？先週は、あと350万円とたしか言っていたけど……」

部下「はい……えっと、50万円の契約がとれたので、あと300万円です」

上司「おー！　かなり縮まりましたね！　やりましたね」

このように、対話の中で、部下の意識を変えていくのです。あなたの一貫した言動によって、チーム全体の目標への意識を高めていきましょう。

部下の目標への意識を高めるには？

OK

「質問」で意識を高めようとする

リーダー自身がそれぞれの各メンバーの目標と現状を理解したうえで、適宜質問をして、部下にその数字を意識させるようにします。

NG

「説教」で意識を高めようとする

部下が自分の目標に対して自覚を持っていないとき、責められるべきは、部下ではなくリーダーであるあなた自身です。

2 メンバーを「平等」ではなく「公平」に扱う

■組織の目標にコミットする社員は、半数にも満たない

アメリカのフランクリン・コヴィー社が行った調査によると、「毎週、チームの目標に沿って自分のするべきことを列挙し、予定に組んでいると答えた人」は、わずか32％ということです。２００４年のアメリカでの調査なので、今の日本とは前提が異なりますが、十分にうなずけるデータでしょう。

もちろん、誰もが個人目標を達成する努力はしますが、あくまで自分の目標のためです。**チームの目標が達成できていなくても、自分の目標が達成していたら、そこで終わり。それ以上に頑張る人は、3割程度しかいない**、というわけです。

また、個人目標の達成が厳しいときでも、人は努力しようとしなくなります。

「今回は目標の90％で終わりそうだ。無理するより、次に温存しておこう」

こういった心理が各メンバーに働くことは少なくありません。チームがギリギリ目

標達成するかどうかというときに、こういう人がいては、足を引っ張ってしまいます。

徹底的に「えこひいき」をする

では、どうすれば、このような「**個人最適の壁**」を取り除き、よりチーム全体のパフォーマンスを引き出せるのでしょうか。

答えは簡単。**特定のメンバーに「プラスのえこひいき」をするのです。**

チームの目標に貢献した人を、大いに称えるのです。その前提として「チームの目標」を達成するために、メンバー同士が支え合うことを大事にします。

例えば、すでに個人目標を達成しているAさんに、「今回は、BさんとCさんの目標達成が厳しいのでショート分をカバーしてくれないか？」と個人目標以上の要望をするのです。もちろん、Bさん、Cさんにも伝えます。

「ショート分はAさんがカバーするので、目標の95%までは頑張ってほしい」と。

こうすることで、一人ひとりのチームに対するコミットを高めることができます。

さて、ここで、個人目標以上の要望をすることになるAさんのような人に対する、おすすめの「えこひいき」の方法を紹介しましょう。

方法① 目標達成者だけを集めた「お祝いランチ会」をする（達成への意識づけ）

方法② 達成者の名前を掲示する（職場で誰が達成したのかが明確になる）

でも、これだけだと、個人目標の達成者・未達成者の区別でしかありません。
ここに、チーム目標の達成に尽力してくれた人を大いに称える方法を加えます。

方法③ 全員が集まる場で、未達成でもチーム目標に向け奮闘してくれた人を、リーダーが「言葉」でねぎらう。

なお、未達成者を「言葉」でねぎらう理由は、達成者以上に称えるとバランスが崩れるからです。「えこひいき」をするときの注意点は、**未達成者に罰を与えたり、ネガティブな雰囲気にしないことです。**「報酬」と「罰則」では、確実に「報酬」のほうが効果はあると、心理学でも証明されています。

ある会社で、未達成者に「罰ゲーム」で青汁を飲ませた事例もありましたが、遊び感覚でも許されることではありません。

ぜひ、「プラスのえこひいき」をして、戦えるチームをつくりましょう。

達成者、未達成者にどう接する？

OK

「達成者」をえこひいきする

達成者にはプラスのえこひいきをすることで、本人にも意欲がわき、チーム全体の目標達成へのモチベーションもプラスに向かいます。

NG

「未達成者」を放置する

未達成であっても、チームの目標に貢献したのであれば、ネガティブな雰囲気にならないように、言葉でねぎらいましょう。

3 チームの「熱量」を主体的に高める

目標達成への「熱量」を高める

経営書の名著『ビジョナリーカンパニー』（日経BP社）には、次のような主旨の記述があります。**「強い会社には、カルトのような独特の空気がある」**と。

受験勉強を思い出してください。予備校や塾のあのムードです。

今、振り返ると、熱病に侵されているように、必死になっていませんでしたか。

私も模試の順位に一喜一憂したものです。

でも、あの独特な空気があるから、頑張れた人も多かったはず。

目標達成に強い組織には、予備校のような「頑張れる空気」があります。**あなたの職場にも、そんな「頑張れる空気」を充満させておくことで、各メンバーの生産性が大幅に上がります。**

とはいっても、ハチマキを絞めて「達成あるのみ」と軍隊のように妄信的になることではありません。むしろ目標達成をゲームととらえ、創意工夫によって、自分たちの限界を超える挑戦を後押しする状況を指します。その意味では、スポーツに近いともいえるでしょう。

メンバーが主体的に、達成に向けて努力したくなる空気をつくる――これこそが、メンバーを「**達成モード**」に導くのです。

■「達成モード」のスイッチをオンにし続ける

どんな組織も、時間とともに熱量は下がってくるものです。常に熱量の高い「達成モード」を維持し続けるために、次の3つのことを試してみてください。

①進捗を〝矢継ぎ早〟に共有する

もし、達成モードでないなら、進捗の共有を1日に2～3回は行いましょう。

実は、今、注目されている考え方に、「**進捗の法則**」があります。これは、「**前進を矢継ぎ早**」**に見せることが**「**やる気**」**に影響を与える**、というものです。例えば営業職で契約を取ってきたら、すぐにそれを実績として反映させるのです。事務所の壁やモニター、またはメールやチャットなどで、「チーム」「個人」の目標と、実績数字の進捗を、リアルタイムで共有してみてください。

②対策をチームで話し合う

チームの目標が厳しいときには、スポーツの試合でタイムをとるように、一度、メンバー全員を集めて、対策を出し合ってみてください。逆境のときこそ、結束を強めるチャンス。そこから対策のための知恵を引き出すのがリーダーの役割です。

③小目標の達成を称え合う

週、日ごとなどの単位で小さな目標を決め、達成したら、「**おめでとう**」「**お疲れさま**」**とお互いの目に見えるように称え合います。**心理学では「画像優位効果（Picture Superiority Effect）」と呼ばれますが、言葉そのものより、お互いが称え合うというシーンの「画像（絵）」のほうが、人の心を動かします。

このように、強い組織には、独特の雰囲気があるものです。常に「達成モード」になっているかどうか、気を配っておきましょう。

チームの熱量が低いとき、どうする？

OK

「チームの結果」を促して全体の熱量を高める

逆境のときこそ、チームの結束を深めるチャンスです。メンバーを集めて、目標達成のための知恵を引き出す工夫をしてみましょう。

NG

「自分の頑張り」で乗り切ろうとする

リーダーだけの力で現状を打開しようと思っても、チーム全体が動かない限り、決して好転しません。

4 業績の悪いときこそ「意見の交換」を絶やさない

真面目なリーダーほど注意すべきこと

「目標達成に向けて、ストイックに仕事をし続けることは当たり前」――そんな風に考える真面目な人ほど、リーダーになった際には注意が必要です。

リーダーが目標達成にこだわりすぎると、部下は伝えたいことが伝えづらくなり、「息苦しい職場」になってしまうものです。

仕事熱心なある上司の部下から、次のような話を聞いたことがありました。

「自分のやることを全部やったら、お客様に電話をしているフリをしています」と。

ストイックなリーダーがいる職場では、頑張っていると見えるように、仕事をしているフリをすることが横行してしまいがちなのです。

生産性向上に大きく寄与する要因として注目されている「オープネス」という考え方があります。

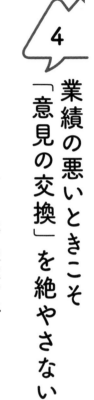

誰が、何を言っても許される職場、そんなオープンな職場こそが、最も生産性が高いというのです。オープネスについては210ページでも紹介しますが、実際にグーグルの調査では、**リーダーシップの有無より、「なんでも言える」環境こそが、生産性向上に寄与すると実証されています。**

まず、業績の悪いときこそ、がむしゃらに仕事をさせようとするのではなく、対話を増やしてください。

対話から、リアルな現状や、何を講ずるべきかが見えてくるでしょう。

業績が厳しいときこそ「ジョブクラフティング」を！

「ジョブクラフティング」という考え方をご存じでしょうか。

仕事のとらえ方を変えることで、今までいやいや取り組んでいた仕事が「やりがい」のある仕事に変わる、という理論です。

業績の厳しいときほど、「やらされ感」が蔓延してしまうもの。

そこで、この**ジョブクラフティングを、業績の厳しいときにこそ、取り入れる**のです。ジョブクラフティングでは、「やりがい」を持つためには、次の3つの要素が必要とされています。

①**貢献実感**………誰に貢献しているのかを把握する

②**かかわる人**……仕事でかかわる人の数を増やし、対話を増やす

③**アレンジ**………仕事を自分なりに工夫してアレンジする

業績が厳しいときこそ、メンバーを集め、仕事のとらえ方を変えるためにミーティングを開いてください。

数字の確認だけではなく、直面している目標を達成しないといけない意味、つまり**今の努力が「誰のため」になっているのかをリーダーが語るのです。**

営業や販売なら顧客のためですし、間接部門なら、関係するセクションを強くするためでしょう。また、ほかのメンバーとかかわりながら、さまざまな意見を確認し、各メンバーが自分の仕事をアレンジする場にしましょう。

リーダーがストイックになると、職場の空気は重くなります。**業績の悪いときこそ、逆に各メンバーの主体性を高める必要がある**のです。

業績が悪いとき、各メンバーに求めることは？

OK

「アイデア」を求める

業績の悪いときこそ、ミーティングなどでアイデアを出し合える、風通しの良い職場環境をつくりましょう。

NG

「ストイックさ」を求める

部下に対して目に見える努力だけを求めても、上司の前でのポーズばかりが増えるだけで、うまくいきません。

5 「遊び心」や「雑談」を忘れない

■「遊び心」や「雑談」がチーム全体の発想を広げる

『エッセンシャル思考』（かんき出版）の著者で、シリコンバレーのコンサルティング会社のCEO、グレッグ・マキューン氏は、「遊び」には脳の活動を活発化し、ストレスを軽減し、考えの選択肢を広げる効果がある、と述べています。

真面目に目標にチャレンジすればするほど、必要になるのは「遊び心」や「雑談」です。あなたのチームにも「遊び」を加えて、ときにはオンライン上でも構わないので「雑談」を奨励しながら、仕事をしてみましょう。さもないと、決めたことをひたすら貫徹することしか尊ばれない、柔軟性のない職場になってしまいます。

グレッグ・マキューン氏は、「遊び」によって、次の3つの効果を得られると紹介しています。

・脳の高度な機能を活性化させ、「優先順位づけ」「スケジューリング」「予測」「決断」「業務の移譲」などにプラスの働きがある
・ストレスを軽減させる。重い気分を取り除いてくれる
・常識にとらわれない発想が生まれ、選択肢を広げることができる

目標を達成したとき、みんなで握手をしたり、クラッカーを鳴らしたり、上司がかぶり物をしたり……。また、目標を追いかけている途中でも、バカ笑いが起こるような朝礼をする、といったような振り幅を持つ会社は数多くあります。

私自身も、朝礼でダンスを踊ったり、漫才をしてくれるメンバーがいたりする、そんな朝から大笑いをするような職場で働いていました。

そういう職場の場合、会社に来るのが楽しくなるうえに、営業ミーティングも明るくなります。

とはいえ、アフターコロナの今、握手は難しいでしょうし、時差出勤する人や、リモートワーカーもいます。新しい「遊び」のある取り組みを、オンラインミーティングなどで導入してみてはいかがでしょうか。

「ウチの会社では無理」という環境こそがチャンス！

でも、「ウチの会社には、そんなムードはないので無理だ」と思われたかもしれません。そんなことはありません。逆です。**重苦しいから、職場がつまらない、という状況ではないですか。**そんな職場だからこそ、「遊び」を推奨することに、大きな意味があるのです。

あなたの職場にフィットする「遊び」を取り入れることで、重苦しい会社の雰囲気を吹き飛ばしましょう！

むしろ、「遊び」や「雑談」から、とんでもないアイデアが出ればラッキーです。ぜひ、やってみてください。

真面目に目標達成を追求すればするほど、職場は暗くなり、離職者もたくさん出てしまいます。**戦略的に「遊び」や「雑談」を取り入れてこそ、本物のリーダーなのです。**

メンバーが、つまらなさそうな顔をしていないか？

NG

「ここが勝負」とばかり伝える

精神論ばかりで、「遊び」や「雑談」がない職場では、重苦しい雰囲気が漂い、目標達成への意欲もわいてきません。

OK

意図的に「遊び」や「雑談」を取り入れる

どんなに厳しい環境でも、「遊び」や「雑談」のある職場では、メンバーがイキイキと働き、目標達成に向けて一丸になれます。

6 あえて「個人のランキング」を出さない

■成績ランキングがモチベーションに与える影響

あなたの職場には、成績順のランキングはありませんか。

多くの販売組織、営業組織では、一人ひとりの成績をランキングとして見せることで、競争心を醸成し、モチベーションを高める手法が導入されています。

でも、成績ランキングを見せるだけでは、かえって失敗することもあります。**ランキングが効く人と効かない人が存在する**ことがわかっているからです。

もちろん、競争心の高い人には、成績ランキングはプラスの効果となって表れます。一方で、競争心の低い人には、むしろランキングが成績に悪影響を及ぼす可能性（マイナスの効果）すらあるのです。

競争心の低い人にとってみれば、ランキングは「余計なお世話」でしかありません。

面白い実験結果があります。「ランキングを用いた小テストによる学生のモチベーションと成績への影響」を調べたレポート（『電子情報通信学会技術研究報告』）があるのです。

小テストを行い、ランキングを開示した場合と開示しなかった場合の成績とモチベーションへの影響を調べたものなのですが、ここでも、まさに競争心の違いによって効果の有無が明確に出ると述べられています。

競争心の高い人にはランキングが効きますが、一方で、**競争心の低い人には、ランキングではなく、協力し合う、価値観でつながる、自分の立ち位置を知るなどの要素が有意に働く**とも記されているのです。

個人戦よりチーム戦のほうが効果的

では、どうすればいいのでしょう。

もし、あなたのチームでも、現在成績ランキングを掲示しているのであれば、それをやめる必要はありません。あなたの職場にランキングがないなら、むしろ導入することをおすすめします。

ただし、工夫は必要です。

個人ランキングではなく、ペアもしくは少人数のチームでのランキングを導入するのです。

ある営業組織でインタビューをしたときのことです。

その職場では、新規開拓のキャンペーンをしていたのですが、個人対抗ではなく、「ペア対抗」にしていました。これこそが、まさにおすすめのパターンなのです。

「一人だと、勝ち負けにこだわっていないのでそこまで頑張れない。でも、ペアやチームだとそうはいかない。絶対に勝ちたい」

その職場では、そんな声をたくさん聞きました。

「ペアだと、ほぼ全員のやる気が上がる」——これが私が見てきた事実です。

これこそが、「協力」「価値観の共有」などが図れる、ペア対抗、チーム対抗の効能です。

ランキングは万能でありません。ペア制、チーム制を取り入れることで、はじめてランキングがゲームとなり、効果を発揮するのです。

成績ランキングを効果的に活用しているか？

OK

「チームへの貢献心」を引き出す

成績ランキングはペアもしくは少人数のチーム別に分けて掲示しましょう。協力、価値観の共有による健全な競争心が生まれます。

NG

「個人の競争心」で煽る

個人別の成績ランキングを貼り出すだけでは、人によっては、むしろやる気がそがれてしまうことがあります。

7 霧の中で「アクセル」を踏ませない

■「いつブレーキを踏むべきか」を指示しているか？

チームのメンバーが目標を追いかけようと、「やみくもに行動」しているということはありませんか。

部下「1日20件の訪問をしているのですが、結果が出ません」
上司「では、どうするの？」
部下「明日は25件まわります」

こういった話が、ダメな例としてよく紹介されます。
これでは、視界の悪い霧の中で、さらにアクセルを踏むようなもの。
危険でしかありません。

はたして、この道で良いのか、それとも別の道を進むべきか、一度、ブレーキを踏んで周囲を見わたす必要があるわけです。つまり、**「対策の見直しの機会」を持つことです。**対策の見直しとは、次のような手順を指します。

Step1 本当に、このままで達成はできるか？
Step2 今の方法だけでなく、もっと確実な、ほかの手段はないか？
Step3 いつ、何ができている状態にするか？

うまくいかないときこそ、一度立ち止まって検証をし、具体的なスケジュールに落とし込まないと、「到着点が間違っていた」「ガソリン不足になった」なんてことになりかねません。

週に1回は「対策のための面談」を

進捗が良くても、悪くても、メンバーと1週間に1回は対策のための面談を必ずしましょう。簡単なもので構いませんし、オンラインでもOKです。

メンバーと面談をするときは、まずはメンバーから**「進捗の状況（このままで大丈夫か）」「ほかに方法はないか」「今後どうするか」の報告をしてもらってください。**

これもメンバーの「主体性」を引き上げるマネジメントの一つ。自分自身で考える機会を部下に与えるのです。

「環境のせい」「相手のせい」にしているうちは、その部下は今後も「やらされ感」を持ちながら仕事をすることになるでしょう。一方で自分が考えた改善策だと、「特別なスタート」を切れるようになります。

時折、リーダーが「とりあえず、頑張ろう！」としか言っていないミーティングを見ます。これでは「何を」頑張るのかが、わかりません。

アクセルを踏むべきは、「するべきことが明確になっている」状態のときだけです。

まずは面談で一人ひとりにどう対策を立てればいいのか、考えてもらってください。自主的に考えることで、各メンバーの「やる気アップ」につながるでしょう。

部下が「頑張ります」と言ったとき、どう答える？

NG

「いいね」と満足する

部下が「どう頑張ればいいのか」がわからないまま仕事を進めても、無駄な労力をかけさせるだけです。

OK

「何を？」と質問する

うまくいっていないときほど、どのように頑張ればいいのか、それをきちんと認識してから進むように促しましょう。

8 あえて「答え」を言わない

「自主性」と「主体性」を使い分ける

「上司が指示したことしかやろうとしない」「応用力がない。自分で考えようとしない」『どうしたい？』と聞くと、『わかりません』と答える」――こんな部下に頭を痛めることはありませんか。

でも、彼らはやる気がないわけではありません。まじめに、積極的にやる意欲は持っています。では、どこに問題があるのでしょう。

何事もそうですが、定義を明確にすると、本質がくっきりと見えてきます。

「自主性」とは、例えば業務を進めるにあたって困っているときに、待つのではなく、自分から動くことです。いわば「行動レベル」のこと。上司に指示されなくても、先輩やハイパフォーマーにやり方を聞きに行くことなどが、それに当たります。

一方、**「主体性」とは、もう一段、高いレベルのことです。とりたてて困ってはい**

なくても、より成果を上げるために自分で判断して、優先順位をつけながらやることです。いわば「やるべきこと」まで自分で考えるレベルです。このように自主性と主体性を定義づければ、部下に求める課題は見えやすくなります。

部下によっては、鍛えるべきは「自主性」ということもあるでしょうし、別の部下は「主体性」を高めることが課題といったこともあるでしょう。

でも、きっとリーダーであるあなたが最終的にすべてのメンバーに求めるゴールは、後者の主体性でしょう。

答えを言わず「質問」で気づかせる

主体性を高めるマネジメントのセオリーは、**わかっていても、安易に「答えを言わない」**ことです。具体的な方法を紹介しましょう。

質問には二つの種類があります。一つは、「確認の質問」です。「いつまでにできますか?」といったように質問します。もう一つが「判断を求める質問」です。

メンバー本人に気づかせる場合には、意識的に「判断を求める質問」をしてください。

本来は、部下本人が判断すべきことなのに、そうしないでリーダーに相談しに来るということはよくあるものです。このときこそ、**「どうしたらいいと思う？」と返すのが正解**、というわけです。

「わからない」と部下が言ってきたとしましょう。

それでも、答えをすぐに教えてはいけません。

「戸惑うかもしれないけど、間違えてもいいので、自分なりの考えを聞かせてほしい。今後、自分で判断することが増えるので」と返します。

こうして、部下自身の「自分で考える力」を高めていきます。そうすれば部下は「自分で考える必要があるのだ」と意識できるようになるのです。

自発的に動くメンバーを育成するという観点からも、上司は安易に「答え」を言わないのが正解です。

部下が「教えてほしい」と言ってきたとき、どうする？

NG
すぐに「答え」を教える

部下のためだと思ってすぐに答えを教えてしまったら、部下が主体的に考え、動く機会を奪ってしまいます。

OK
「自分で考えること」を求める

多少、時間がかかっても部下に考えさせ、自ら動く機会をつくり出すようにしましょう。

9

指示をしなくてもチームが勝手に回るしくみをつくる

■「評価」と連動させないと、マネジメントはしんどくなる

リーダーが何も言わずとも、「部下が勝手に、〝思ったように〟動いてくれる」――これこそがマネジメントが本当にできている状態です。

きちんとマネジメントができていれば、いちいち指示を出さなくても、リーダーが望む状態になっているものだからです。

とはいうものの、そうならないから、リーダーは苦労するわけです。

ここでは、部下に指示をせずとも、あなたが「こうしてほしい」と思う方向に、部下が動いてくれる方法を紹介しましょう。

答えは、シンプルです。「**努力と評価**」**を連動させること**、です。

曖昧さを払拭《ふっしょく》し、信賞必罰の覚悟を持ち、しっかりと評価に反映させれば、いち

いち上司が言わずとも、部下は主体的に行動を変えてくれます。

ひょっとしたら、ドライすぎると思われたかもしれません。

でも、全然、そうではないのです。逆です。一例を紹介します。

今、多くの会社で、残業抑制の潮流はますます強くなるばかりですが、一方で、現場ではなかなか残業がなくならないことが問題になっています。

もちろん、さまざまな理由はあります。「中途半端な状態で帰りたくない」「残業手当がなくなる」など、**部下には部下なりの〝帰れない合理的な理由〟はいくつもあるので、残業削減が進まないのです。**

早く帰るほど、得するようにする

でも、もし「月間の時間外労働をある時間にまで抑制すれば、報酬は大幅にアップ」ということになればどうでしょう。合理的に考えると、だらだらと残業するのではなく、「早く帰るべき」というように部下の意識は変わるのではないでしょうか？

ある派遣会社は、この方法で残業削減に成功しています。

かつて、その会社のとある部署は　月間60時間を超える時間外労働が常態化していました。会社の方針は月間20時間以内。でも、なかなか守れていなかったのです。

そこに、新しい上長が着任しました。

その会社では、売上目標を達成した際、給与とは別にインセンティブを支給していたのですが、このインセンティブは部門長の決裁でルールを変えることができました。

そこで、この新しい上長は「時間外労働が少ない人には、インセンティブを上乗せする」といった運用に変更しました。

結果は大成功。残業を大幅に削減することができ、何も言わなくても、社員が早く帰るようになったといいます。早く帰るほどに報酬がアップするのですから、そりゃそうです。このように「**努力と報酬」を一致させることは、組織を動かすうえでは大きなパワー（引力）をもたらします。**

とはいえ、人事制度の変更など、大掛かりな対策は現場ではなかなかできません。

まずは、制度を変えるのではなく、目標値を設定し、今の制度の範囲内で、評価で報いる方法を検討してみてはいかがでしょうか。

それだけで、いちいち指示を出さなくても、部下が動いてくれるようになります。

部下が思うように動いてくれないとき、どうする？

NG
わかってくれるまで何度も話し合いを重ねる

いくら対策について話し合いをしても、部下がそれに向けて動くインセンティブがなければ、意味がありません。

OK
明確に「評価」で報いるようにする

きちんと評価して報いることを明確にすれば、部下は上司が望むような方向に自分から動きます。

10 部下が自主的に動くことができる環境をつくる

■あなたの職場の「オープネス」はどの程度か？

186ページでも少し触れましたが、最近、話題になっている考え方に「オープネス」という考え方があります。

オープネスとは、上司と部下、同僚同士が、お互いの意見や情報を自由に交換する、開放的な職場の空気のことをいいます。社員クチコミサイト「オープンワーク」の戦略担当ディレクターの北野唯我氏が執筆した『OPENNESS 職場の「空気」が結果を決める』（ダイヤモンド社）で注目された概念です。

オープネスが高い職場は、当然ですが、離職者も少なく、部下の成長も促進されやすいとされています。しかしながら、実際のところ、次に挙げるようにオープネスが低い職場は少なくありません。

・1週間に1回のミーティングさえも、していない（発言や質問の機会がない）
・チームのほかのメンバーが、どんな仕事をしていて、何に悩んでいるのかを知らない
・部下から上司や先輩に自由に意見や質問をする雰囲気がない

このようにオープネスが低い職場だと、部下が「指示を出されるまで動けない」「誰に聞いたらいいのかがわからない」「自らがやろうと思っても、やり方がわからない」といった状態になり、受け身の判断が常態化してしまいます。

リモートワーク時代こそ、ナレッジマネジメントが不可欠

さて、現在、各企業ではリモートワークをするスタイルが広がってきました。これからも、ますます広がるでしょう。

加えて、時差出勤、直行直帰のスタイルも増えています。

メリットの大きいこのような勤務スタイルですが、副作用もあります。誰が、何をしているのかが見えにくくなり、気軽に誰かに聞ける環境でなくなるため、オープネスが低くなりやすいのです。

このような環境で仕事をするからこそ、やっておきたいことがあります。

「ナレッジマネジメント」です。

ナレッジマネジメントとは、「同僚の誰が、どんなことに精通しているのか」を共有しておき、何か疑問点や困ったことがあったときに、聞くべき相手や、データ、資料、企画書を共有することで、お互いのノウハウにアクセスしやすい環境をつくることをいいます。

あなたの職場でも、まず次の2つのことをしてみてください。

- 「誰に」聞けばいいのかを可視化するため、メンバーのプロフィールを共有する（今の担当業務、前職、持っている資格、特技、出身地などのパーソナル情報）
- プレゼンに成功した企画書、データや資料を共有フォルダに格納する（いちいち質問しなくても、ノウハウにアクセスできる）

これだけでも、メンバー自らが質問をしたり、ヒントを探し、自分なりに先手を打つ動きができるようになるでしょう。すれ違いの多い〝忙しい職場〟ほど、効果がありますので、ぜひトライしてみてください。

部下からの質問が続くとき、どう考えるか？

NG

「もっと時間をとって教えてあげたい」と考える

メンバー同士のつながりが希薄だと、リーダーは各メンバーからの同じ質問を、直接受け続けることになります。

OK

「メンバー同士が教え合える」環境をつくろうと考える

メンバー同士の相互援助ができる環境が整えば、リーダーを経由しなくとも、問題はもっと早く解決できるはずです。

Check メンバーの主体性を生み出すためのチェックリスト

- □ メンバーが常に「目標」を意識しながら行動するように促しているか？
- □ 未達成者もねぎらいつつ、達成者には「プラスのえこひいき」をするようにしているか？
- □ メンバー個人の意欲だけでなく、チーム全体の熱量を上げるようにしているか？
- □ ストイックに目標を追いかけるだけでなく、「遊び」や「雑談」のあるチームづくりを目指しているか？
- □ 個人の成績ランキングの掲示だけでなく、ペアやチームの競わせ方も考えているか？
- □ 部下との面談では、むやみな励ましでなく、目標達成への具体的な対策を話し合うようにしているか？

伊庭正康（いば　まさやす）
株式会社らしさラボ代表取締役。1991年リクルートグループ入社。リクルートフロムエー、リクルートにて法人営業職として従事。プレイヤー部門とマネージャー部門の両部門で年間全国トップ表彰4回を受賞。累計40回以上の社内表彰を受け、営業部長、(株)フロムエーキャリアの代表取締役を歴任。2011年、研修会社(株)らしさラボを設立。リーディングカンパニーを中心に年間200回を超えるセッション（営業研修、営業リーダー研修、コーチング、講演）を行っている。実践的なプログラムが好評で、リピート率は9割を超え、その活動は『日本経済新聞』『日経ビジネス』『The21』など多数のメディアで紹介されている。
『仕事の速い人が絶対やらない段取りの仕方』（日本実業出版社）、『できるリーダーは、「これ」しかやらない』（PHP研究所）、『残業ゼロの人の段取りのキホン』『仕事が速い人の手帳・メモのキホン』（以上、すばる舎）、『強いチームをつくる！　リーダーの心得』『営業の一流、二流、三流』（以上、明日香出版社）など、著書多数。
YouTube「研修トレーナー　伊庭正康のビジネスメソッド」、およびオンラインで学べるUdemyの講座も好評。

目標達成《もくひょうたっせい》するリーダーが絶対《ぜったい》やらないチームの動《うご》かし方《かた》

2020年10月10日　初版発行
2021年1月10日　第2刷発行

著　者　伊庭正康

発行者　杉本淳一

発行所　株式会社日本実業出版社　東京都新宿区市谷本村町3-29 〒162-0845
大阪市北区西天満6-8-1 〒530-0047
編集部 ☎03-3268-5651
営業部 ☎03-3268-5161　振　替　00170-1-25349
https://www.njg.co.jp/

印刷・製本／三晃印刷

ISBN 978-4-534-05809-6　Printed in JAPAN